随园班主任小丛书　总主编　齐学红

1加1大于2

家班共育有创意

戴婷玉　张艳　吕琪 —— 著

YIJIAYIDAYUER

复旦大学出版社

总序：看见学生，看见自己

策划"随园班主任小丛书"的想法有两个原因：

一是从班主任工作实际出发，为广大一线班主任量身打造一套短小精悍、易于操作、方便携带的实用指导书，是自己从事班主任研究近20年形成的研究自觉和教育初心。一线班主任老师长期处于实施教学与管理、协调校内外各种教育关系、落实学校各项工作的关键岗位，往往无暇、无力对自己的班主任工作进行审视和反思，从事班主任研究更是奢望；他们面对大部头的教育理论书籍，更是望而却步，敬而远之；他们渐渐地在大量事务性工作中迷失了自我，进而产生了职业倦怠现象。因此，为一线班主任老师提供好的指导用书，成为自己多年的心愿。

二是源于自己的读书经历。早在1984年，我自己初为人师，在中学教语文的同时担任班主任工作。虽然是师范院校毕业，但那时既不会教书也不会做班主任。在图书资源贫乏的80年代，除了基本的教学参考书之外，读到的唯一一本教育经典著作是苏霍姆林斯基的《给教师的一百条建议》，正是这本书开启了我对教育研究的热爱。除此之外，当时还有一套人文社会科学的启蒙之作叫"五角丛书"：五毛钱一本，书的开本不大，可以装在口袋里；内容涵盖了许多人文社会科学的经典著作，对我而言是人文精神的启蒙，至今仍难以忘怀。自己从教30多年，仍能保持热爱教育、热爱学生的初心，是与人文思想的启蒙分不开的。在我看来，对于生活在这个日渐浮躁时代的年轻教师而言,教育教学方法、班级管理经验的习得与积累固然重要,更重要的是需要人文精神的启蒙。只有明白了何为教育,为何而教,何为社会,何为人生以及一个人如何追求生活的意义和价值,才能履行教育事业应有的人类文明、文化传承的使命。而这样的人文社会科学思想的启蒙,要比具体的教育教学方法更重要。从阅读"五角丛书"到编写"随园班主任小丛书",承载了一位从中学教师成长为大学教师的教育学者的教育梦。

因此,这套小丛书的编写并不局限于班级教育与管理的方法策略层面,而更多的是从班主任的生命历程出发,呈现这些方法策略是何以诞生的,它们与作为具体生命存在的班主任的生活史、成长史密不可分。从小丛书的几本书名来看——《初任也智慧——初任班主任的11个第一次》《让我看见你——学生问题教育诊疗》《"慧"沟通——家校沟通有讲究》《1加1大于2——家班共育有创意》《真体验,真发展——班级特色活动设计》——都是从优秀班主任成长历程中的关键事件出发,发掘自身生命成长的重要元素,进而为年轻班主任老师提供可资借鉴的实践智慧。

例如,《初任也智慧——初任班主任的11个第一次》一书,选取初任班主任的11个第一次:第一次见面会,第一次排座位,第一次订班规、选班委、开班会、组织活动、处理突发事件,第一次开家长会、家访,第一次写评语等关键事件;写作体例主要包括几大板块:"成长案例""教师说""学生说""家长说""专家说""带班小窍门""我的思考"。通过案例分析,多角度、全方位地看待初任班主任成长中一个个看似平常的小事件可能蕴含的大智慧,以及对于班主任个人成长的意义和价值所在。

《让我看见你——学生问题教育诊疗》一书,旨在帮助更多的老师增强因材施教的意识与能力,掌握更多的了解学生、"看见"学生、解读学生的方法,通过收集学生多方面的信息,为日益复杂多变的学生问题把脉。其中传递出的发现学生、与学生一起成长的意识,以及研究学生、读懂学生的方法策略是难能可贵的。

参与这套小丛书编写的作者,是南京师范大学班主任研究中心"随园夜话"的核心成员以及长期的合作伙伴。他们有着丰富的班主任工作实践经验,其中大多数是名班主任工作室的主持人或成员,他们对班主任工作抱有的教育热情、专业精神与研究态度,可以为广大一线班主任提供很好的示范作用;其中呈现的方法策略和实践智慧,具有很强的指导作用。希望广大读者在这套丛书中看见学生、看见自己,共促师生生命成长!

南京师范大学班主任研究中心教授、博导

齐学红

写于南京朗诗国际

2022 年 10 月 3 日

目　录

给班主任的话 / 001

一　个别化家班共育 / 001

1　原来，是我不够了解你——借助性格洞察的力量 …………… 002
2　陪你卸"铠甲"——借助信任的力量 …………………………… 009
3　"认同"——借助环境的力量 …………………………………… 016

二　巧开家长会 / 023

1　"排桌椅"风波——智慧引导型家长会 ………………………… 024
2　"乾坤大挪移"——头脑风暴型家长会 ………………………… 029
3　我们的梦和你的梦——家班群策型家长会 …………………… 037

三　创意组织家委会 / 044

1　细致且隆重——家委会成立 …………………………………… 046
2　博采众长，各尽其责——家委会组织结构 …………………… 052
3　一起来支招——家委会共同策划活动 ………………………… 064

四 主题班会不头疼 / 072

1 月满中秋庆团圆——家长参与主题班会备课 ………… 074
2 班规家训一体化,精神传承在路上——家训助力主题班会 …… 083
3 爱,是解锁的钥匙——亲子沟通类主题班会 ………………… 091

五 妙趣横生的亲子活动 / 100

1 问卷+ 打卡+ 书信,一切从需出发——增进关系类亲子
  活动 ……………………………………………………………… 102
2 感知由心始,战疫"心"闻记——时事类亲子活动 ………… 111
3 为了脚下的这一片净土——环保类亲子活动………………… 119

后记 / 128

给班主任的话

在班主任的日常工作中,引领学生的成长至关重要。这个过程中,不可避免地要与家长接触。如果能够与家长形成合力,实现家班共育,就会对学生成长起到正向推动的作用。因此,我们编写了这本书。

本书作者分别执教于小学、初中、高中三个不同的学段,均为上海市徐汇区优秀班主任高研班成员,有着丰富的班主任工作经验。本书所记录的育人故事,都是从班级实际情况出发,根据学生和家长的需求,在日常班主任工作中亲身实践过的、具有创意且效果较好的做法。它们全方位展现了班主任、家长对教育的理解、探索和尝试,实现了资源共享、理念沟通和价值引领,从而形成教育合力。希望这本书能够给予在家班共育中迷茫的班主任启发,从做法中寻找到育人的规律,推进自身与家长更好地合作,更好地促进学生成长。

现今的家班共育,存在"育"而不"共"的问题:

在理念上,班主任层面往往会认为学生在班里是自己的责任范围,校外就是家长的事;家长层面则认为把孩子送进学校后,孩子的教育问题就归老师和学校管了,父母只需管好孩子吃饱穿暖就够了。双方不同的育人责任划分,让班主任和家长在彼此沟通时容易产生理念冲突,无法有效合作,更谈不上一起作用于学生,共育成长了。

在平台上,过去班主任常常通过家访、家长会、日常电话联系等平台与家长进行沟通。随着时代的发展,网络日渐发达,不少班级开始使用微信群等在线方式进行沟通,时效大大提升的同时,育人效果却不一定提升。不少班主任还是感觉与家长进行合作的平台并不顺畅,无法达成合作的结果。

在形式上,班主任与家长的沟通以单向输出为主。在家长会上,班主任单向灌输理念和内容的形式屡见不鲜；在家校微信群中，聊天记录几乎只包含班主任单向布置任务，家长成了回复"收到"的"工具人"；在日常电话联系中，有的也只是班主任反馈学生存在的问题，家长单方面接收……单向输出的形式让班主任成了主动的信息发布者，家长成了被动的信息接收者，家长的主观能动性在其中被"挫伤"，有的只是"迎合"，而不是与班主任"合作"来达成共育。

中小学生正处于世界观、人生观和价值观的形成和发展阶段，如果家庭和学校双方的育人理念不一致、育人内容有差异、育人方式难合作、育人平台不顺畅等，造成"育"而不"共"的实际问题，将会对学生产生影响，导致学生困惑、纠结和迷茫，不利于学生成长。

家庭教育和班级教育在教育环境、教育方式、教育方法中各不相同，各有优势。如果两方的教育能够互相渗透、互相作用、互相协调，能够将班级教育的专业性和群体教育性，与家庭教育的细腻性和针对性相结合，就能实现两种教育的优势互补和效应叠加。同时，如果打破彼此的领域边界，让班级育人教育不再受40分钟课堂时间和教室的空间限制，让家庭教育不再受家长个人眼界和方式单一的限制，最终就能真正地作用于学生身上，更好地培育学生成长。

在这条路上努力探索，力图能够给班主任们在家班共育上的启发，是我们设计本书的初衷。本书呈现了家班共育中的五个方面，分别为个别化家班共育、家长会、家委会、主题班会、亲子活动，五个方面独立成为专题。每专题中，又呈现了三种不同的类型和方向。

学生生活在群体之中，受着群体的影响。本书力图挖掘群体作用，探寻"1位班主任+1个家庭/1个平台/1类资源"的共育模式去实现家班共育。班主任们通过整合各方面资源，开展各种活动，丰富育人方式，在参与的过程中努力缩小家校双方之间对教育目标和教育观念的差异，在理念上与家长达成共识，促进家长提升育人意识。

总之，有效的家班共育能让家庭和班集体两股力量互相配合、互相支持、互相协调，从而形成一种行之有效、促进学生全面成长的方式和策略。这种共育路径让家班共育不止是"1+1= 2"，更是"1+1＞2"，效果最大化地作用于学生,产生积极正面的影响。

如在"个别化家班共育"中,虽然只是解决个别学生的问题,但班主任依旧采取了"1位班主任+1类资源"的方式,有的借助了时下科学的测试软件,有的借助了父母的性格优势与其他家长的力量,有的借助了环境的力量等去作用于个别家庭,最终化解了学生遇到的困境。在原本班主任与家长单纯沟通上,加入了众多其他的有效教育元素,从而达到了学生问题的最终解决,促进学生成长和提升。在后面几个专题里,不论是创新的家长会的方式,还是家委会的创意组织,又或者是在主题班会上有创意地让家长介入,在亲子活动上进行创意设计等,都蕴含着作者在家班共育中的创新做法和教育智慧。

家班共育是实现家校共育的有效途径,也是教育发展的新方向。只要我们保有一颗童心,一颗爱心,一颗进取心,不断关爱,不断学习,不断思考,与家长达成共识,共策共行,在家班共育中实现家庭教育和班级教育的融合一体,就能为学生铺好一路基石,让他们沿途花开满径,快乐成长。

作者
2022年9月

一　个别化家班共育

每个学生都有着不同的天生气质、性格特点和行为表现，而造就了这些不同的，正是他们独特的家庭环境、成长环境和生活经验。

教育学家斯宾塞说过："家庭环境对于一个孩子的心智和才能发挥着极其重要的作用。"

因此，在对学生进行个别化教育的过程中，仅靠单薄的班主任的教育是绝对不够的。班主任需要关注学生的家庭环境和成长环境，尝试借助家长的力量，与家长形成合力，一起为学生铺设一条更有利于其成长的道路。

本专题从学生自己的性格特点、父母不同的性格特点、学生所处的环境特点三个角度出发，讲述三个富有教育意义的个别化家班共育的故事。

1 原来，是我不够了解你

——借助性格洞察的力量

一、为什么就你做不到？

晚上，我的手机突然响了起来。我刚接，就听到电话那头小沈妈妈气愤到近乎颤抖的声音："老师！这孩子从七点在房间做作业到现在，竟然只做了语文10个生词抄写和数学一张小卷子！还有别的作业动都没动！气死我了！"

我看了看墙上的钟，正好十点半。那么晚了！我能体会到小沈妈妈焦虑和愤怒的情绪。最近临近期中测试，作业量比平时大一些，小沈只做了这一点，那要几点睡呀！我忙安抚小沈妈妈："小沈妈妈，我能理解你现在的心情。现在很晚了，孩子作业没做完你急。这个点孩子困了，效率会更低。不如让孩子过会就睡了吧。明天你什么时候方便来一趟学校，我们三方一起坐下来聊聊，看看怎么帮助孩子提高作业效率？"

小沈妈妈一口答应了，约了第二天一早。

挂了电话，我思绪万千。

小沈是我们班的"开心果"，性格开朗活泼。虽是个女生，但不走婉约路线，性格大大咧咧的她人缘非常好。她很热情，热衷于班级事务，假设老师问班里哪位同学愿意帮忙，她一定是第一个举手的学生。她还是班里的宣传委员，每次出黑板报她都能一呼百应，做事也认真负责。小沈在班里简直是班委的典范，同学们的好榜样。在我眼里如此优秀的小沈，却屡遭妈妈"投诉"，家庭矛盾激烈。真希望能够找到问题的症结，帮助小沈成长。

第二天我到办公室时，小沈妈妈已经到了。一旁的小沈冲我打了个招呼，笑得颇为尴尬。我安排小沈和小沈妈妈坐下，便开始了解情况。小沈妈妈情绪还是有些激动,她谈到了家里如何为孩子制造安静的环境,甚至父母都不看手机和电视,怕打扰到孩子的学习。后来为了让孩子更加专注,他们还特地换了房子,给了孩子一间独立的房间,以保证她的学习氛围。可是在父母做出巨大"牺牲"的情况下,孩子的作业速度竟越来越慢,学习效率低得让妈妈几近抓狂。

"你还要我们家长怎么样?为什么别的孩子都能认真学,就你做不到?"小沈妈妈嗓门提高了八度,手指用力点了点小沈的脑袋。

小沈皱着眉,没说话。

"有一点我觉得很奇怪,小沈在学校的速度一直都不慢啊!"我提出矛盾所在,"在校如果遇到背诵作业是需要孩子来老师这儿背诵过关的,她总是最快的那几个;在校需要完成的订正作业,小沈从不拖沓,总是第一时间上交。这样的她,怎么在家反而会拖沓呢?小沈,你愿意说说吗?"

可让我更揪心的是,小沈低着头说:"我觉得在学校很开心,可是回家就很痛苦。我也不知道为什么。"

这样的表达让小沈妈妈更是气不打一处来,指着小沈就骂起来。小沈这边被骂得嚎啕大哭,眼看家长和孩子的情绪都太过激动,我暂时中断了当天的交谈。

这次交流虽并未获得实质性的进展,但让我大致了解了他们的情况。小沈妈妈为孩子付出很多,小沈也没有网瘾或者其他影响学业的习惯,那为什么她的作业效率在家会那么慢呢?我很想找到症结所在,为小沈家庭"排忧解难",让小沈不论在学校还是在家,都能愉快地学习、成长。

二、原来,是我不够了解你

那段时间,我参加了上海市徐汇区优秀班主任工作坊的学习。在一次学习活动中,我偶然接触到了DPA动态性格测试。这个测试基于古罗马心理学家盖伦的气质理论和瑞士心理学家荣格的人格分析理论,是三维动态管理评估系统。测试将人分为五大类性格,分别是黑桃的军事家、红桃的梦想家、梅花的和平家、方块的建筑家和四种性格兼具整合的外交家。每种性格有详细的分析,目的是通过测试能够洞察自己的性格优势,让人们更好地认识和了解自己,明白自己能量积聚的方式。

当时,工作坊向我们每位成员提供了一组 DPA 动态性格测试的家庭测试机会。我立马想到了小沈,也许这能帮到她。

抱着试一试的想法,我问了小沈和她父母的意见,他们欣然同意了。我想,大家都希望找到问题的症结在哪里。

不久后,测试结果出来了。DPA 动态性格测试的分析师为小沈家庭安排了报告分析,我也一起前往。

分析师还未开口,小沈妈妈就说:"我真的为我的女儿感到担忧,她太不自觉了!"

分析师笑着说:"每个人都有优缺点。我们今天要做的,是洞察你女儿的优点,让她的优势得以放大。同时,理解孩子,明白与孩子相处的方式。"

随后,分析师娓娓道来:

小沈的性格是高红桃性格。高红桃性格的孩子是宏观感性的孩子,喜好交际,与人沟通就是他们积聚能量的方式,他们在与他人交往中获得愉悦感。但做起事来往往容易三分钟热度,不易坚持。心情和喜好是高红桃孩子非常重要的动因,他们会因为喜欢一个老师而努力学好那一门学科,也会因为厌恶某种环境而失去在那个环境前行的动力。他们爱听好话,不能在公众场合批评他们,否则对高红桃的孩子是加倍的打击。

小沈频频点头,拍着大腿说:"对啊,我就这样的!"

"现在的问题是这个孩子作业拖啊,死命地拖。我们好话也说,她可能好个几天,就又开始在房间里磨蹭。这怎么办呢?"小沈妈妈无奈地说。

"刚刚老师说了不能在公共场合批评我的。"小沈吐吐舌头,现学现用。

"你不知道,我们为了给她一个好的学习环境,还换了房子啦!就为了给她一间独立的房间,给她一个安静的环境,我和她爸连电视、手机都不看了,就看看报……"小沈妈妈摇着头,继续抱怨道。

"孩子也不容易,我们就想知道哪儿出了问题。"小沈爸爸也开口了。

分析师一针见血地说:"可能就是环境出了问题。"

"啊?"我和小沈妈妈几乎同时惊呼。

分析师继续分析:

适应高红桃孩子的学习环境,恰恰不能是隔绝沟通式的学习环境,即绝对安静环境,那样反而会让高红桃的孩子感到不安和焦躁。他们喜欢交流,喜欢沟通,喜欢在有声音的地方做事,一切活动的事物伴随在他们身边都是让他们心安的元素。我们每个人都有能量值,能量值越高,他们就越有动力。如果高红桃的孩子主动沟通却得不到回应时,他们的能量值就会下降,负面情绪增加,逐渐耗尽的能量值让孩子无法再集中精神愉悦地完成事务了。

"这么说来,我们给她安静的房间,还给错了?"小沈妈妈诧异地问。

分析师点了点头。

"那怎么做作业合适呢?"小沈爸爸开口了。

"你以前在哪儿做作业的?"我转头问小沈。

"在客厅。"小沈顿了顿,说,"其实你们看电视,玩手机都不会影响我的……"

"那你当时效率如何?"我追问。

"我觉得还不错。"小沈看了看父母,做出了回答。小沈父母也点头表示同意。

"那你现在一个人在房间,是因为太安静了所以反而无法集中注意力?"小沈妈妈还是觉得不可思议。

"我觉得我确实喜欢和你们聊天,大家每天笑哈哈的,我心情也很快乐,学习很有劲头。可是自从换了房子后,家里一点声音都没有,我的心情就越来越烦躁。我也想学好,可是就是提不起精神。每天晚上房间都没人,就我一个人,我就控制不住自己,一会在草稿纸上画画,一会儿看会闲书,总之就是静不下心做作业。"小沈一股脑儿全说了。

我想,这套"说辞",如果放在没有测试前,可能家长会觉得这不过是孩子的"借口"。可听了今天分析师的分析,这些内容却恰恰印证了高红桃性格的特点。

随后,分析师又分析了小沈父母的性格:

  小沈妈妈的性格是整合型性格,兼具黑桃、红桃、梅花和方块这四种性格,可以随外界和需要而改变。但是她的动力线非常高,意味着她做事执行力很强,对小沈寄予了厚望。这样的家长往往容易给孩子带来高压。

  小沈爸爸的性格也是高红桃性格,和女儿一样。因此在家爸爸和女儿的关系更为融洽。

分析师话音刚落,小沈妈妈突然开口道:"原来,是我不够了解你。孩子,委屈你了,妈妈改。"

小沈主动钻进妈妈怀里,妈妈抱了抱小沈。

小沈爸爸为小沈和小沈妈妈竖起了大拇指,笑着说:"找到问题就好了,我就说我和女儿这性格挺好的,在家不说话我也快憋死了。太好了,接下来我们会变得更好的,哈哈。"

看着这一幕,分析师笑着说:"这就是整合型性格的优势,善于改变。小沈和爸爸是高红桃性格,高红桃性格的优势是善于激励他人,仿佛是教育家,拥有鼓动人心的力量。"

"小沈,你可以用你的性格优势去营建一个你喜爱的世界。就像班里,你的积极主动为你赢得了很好的人缘,你的班级事务工作也是安排得井井有条。在家里,你也可以积极和父母沟通,而不是一味地回避。这样,你在家里也可以动力满满哦,是这样吗?"我尝试根据分析师的意思,继续往下说,希望能够真正帮助小沈成长。

"是的。小沈喜欢沟通和陪伴,家长也可以陪着她一起学习,她动力会更足。"分析师接着说。

"嗯,还要成为她喜欢的妈妈。"小沈妈妈笑着说。

在欢声笑语中,分析就快结束了,小沈为自己的性格优势感到兴奋。

我提议针对小沈的性格,制定一份家庭契约书。

经过大家的讨论,最终商议结果如下:

家庭契约书	
父母承诺: 1. 把做作业的地方从房间移到客厅,爸爸妈妈在周围可以自己忙自己的。 2. 家里可以随时交谈,做作业时也可以自由交流。 3. 多鼓励,少批评。批评不能当着外人面。 4. 尽可能陪伴学习。	小沈承诺: 1. 到家即开始做作业。 2. 抓紧时间完成作业,每天在作业记录本上记录每一项作业所花的时间和最终作业完成时间。 3. 多利用性格优势,表达内心想法和情感。 4. 感恩并尊重父母。
签名:	签名:

小沈和小沈父母都认可,并签了字。

三、我为你高兴

之后的每天,我都非常关注小沈上交的作业记录本,上面记录着她每天完成作业的时间。我会拿去和其他学科老师以及课代表沟通,看小沈的作业时间是否合理。

初期,她数学作业出现拖沓现象。我马上与小沈沟通,了解到那个单元的内容她掌握得不是很好。我与数学老师联系,并和小沈商定了解决方案,如控制每一题的完成时间,周末增加基础练习以提高熟练度等建议。随即,我又和小沈妈妈保持联络,把老师的建议告知她。

渐渐地,小沈的整体作业速度获得了很大的提升,准确率也稳步提高。

有一次,我询问小沈:"每天记录作业完成时间,对你来说会不会是负担?抵触吗?"

小沈笑着摇摇头,说:"老师,我觉得特别好。其实每天的时间是我妈帮我记的,每天能和家人聊天、沟通,嘻嘻哈哈,我真的很开心。"

望着蹦蹦跳跳转身离开的小沈,我也不由得笑容满面。

后来的每周,我保持与小沈妈妈联系,小沈妈妈这里的褒奖也开始多过于批评。

她说,小沈英语不好,容易有畏难情绪,她就陪着小沈一起背单词,两个人比谁的记忆速度快。而且她也不排斥小沈在做作业时突然和他们的聊天,她明白,那是孩子在寻求放松的方式。令她欣喜的是,小沈的状态越来越好,晚上作业效率越来越高。

那段时间,小沈不论在校还是在家,笑容都挂在了她的脸上。

期末考试完,我正巧和小沈一起走出校门,看到她妈妈正等着她。那时天冷,小沈妈妈给她递上暖手宝,小沈则嘟囔着嘴说有一题出考场才琢磨出解题思路。

小沈妈妈拍了拍小沈的头说:"没事的,你已经很辛苦啦!不管结果怎么样,我都为你高兴!"

小沈开心地笑了,勾着妈妈的肩膀一路回了家。后来成绩出来了,小沈的进步很大,笑容又回到了这个女孩儿的脸上。

见微知著

德国哲学家康德曾说:"不论是谁,在任何时候都不应把自己和他人仅仅视为工具,而应该永远看作自身就是目的。"

这句话对教育是有启发的。于班主任而言,学生本身应该是目的,而不是手段。当学生成为目的时,我们会发现,学生之间不存在好坏之分,有的是班主任对待不同的学生因势利导,因材施教。当班主任看到的学生,不再在"学生"之前加上前缀,如好学生、差学生、问题学生,而只是"学生"本身,就能理解康德的高度。

我们面对的学生,每一个都是不一样的。当我们要求一致时,其实是压抑了一部分孩子的个性。我们应当在理解学生的基础上因材施教,不求培养出统一的学生,而是尊重学生性格的多样性,尊重每个孩子的特质,他们有的热情,有的内敛,有的好强,有的平和。性格不分对错,只有不同。我们需要在理解的基础上发挥孩子的性格优势,规避他们的性格弱点,帮助他们成长。

2 陪你卸"铠甲"

——借助信任的力量

一、报失——钢笔无踪

一天中午,我走进教室,学生们在教室里安静而有序地吃着午餐。这时,小李离开座位,匆忙走向我,小声对我说:"张老师,昨天我丢了一支自己很喜欢的笔,我明明放好在笔盒里的。就在下课离开座位的短短几分钟时间里,笔就不见了。"

小李平时话不多,胆子也小,和老师说话总是轻声细语的。看着她咬紧的嘴唇,用力捏着衣角的双手,我感觉到今天的她是鼓足了勇气来找我的。看来,她真的是丢了一样自己非常喜欢的东西。

"老师知道了,给我一点时间,我试着帮你找找。"我用手轻轻拍了拍小李的肩,安抚她着急的情绪。小李抬头看到我肯定的眼神,点头答应,转身离开。我一抬头,发现班级许多学生都望着我,又或窃窃私语,似乎都已经知道了小李丢笔的事。

二、观察——目标锁定

我站在讲台前,脑子里满是问号。会是谁呢?

我的眼神扫过每一个孩子,他们有的在吃饭,有的在喝汤,有的在整理饭袋,或嬉笑,或神情自若,或调皮地看看我。这时,一个低着脑袋的孩子引起了我的注意。只见她皱着眉头,一口一口地吃着白米饭,不曾动过饭盒中其他的菜。我走过去,摸了摸她的手,她依旧埋着头不看我,温暖的教室里,她双手冰凉的温度传到我的手上,我的心里也是一惊。这是小李的同桌,小王。

课间,班里的小张悄悄到办公室来找我,告诉我昨天她从后门回教室,看到小王在翻小李的笔盒。我让她先不要声张,以免引起大家的误会,这件事情先交给我处理。

怎么又是小王呢?

我愣愣地坐在办公桌前,陷入了思绪中……

那是三年前的九月,在那个炎热的夏日,我成了小王所在班级的班主任。早操时,她能专注地听老师讲解动作要求;上课时,她积极举手表达个人见解,想法令我惊讶;作业中,她娟秀的字迹、工整的格式更是甚得我心。她的作业经常作为优秀作业张贴在教室里。我一下子就喜欢上了这个长相秀气,做事有条理,对自己有要求的女孩子。

可随后一件又一件出乎我意料之外的事情,让我看到了认真、努力的她的背后存在着巨大的压力,这些都与家庭教育的不当有着密切关联。

有一次,小王因为不满同学小陈桌肚邋遢,所以藏了小陈的水杯。和小王妈妈沟通后,我发现她在卫生方面对小王要求非常严格。洗脸盆上不能有水渍;书桌上不能留有橡皮屑;家里一切物品都要摆放得井然有序等等。做不到时,妈妈通常会责罚。家长的高要求慢慢内化在孩子心里,成了她对别人的要求。当同学不能满足她的要求时,她觉得不满和愤怒,所以藏起了小陈的杯子,教训小陈。

还有一次,小王的前排同学从老师那里换了一件小奖品,那是一枚精致的叶子书签。小王非常喜欢它,所以偷偷占为己有。经过和家长沟通才知道,原来平时小王想要的东西,妈妈要求用成绩兑换。但是小王成绩不稳定,有时自己想要的东西不能被满足,所以才发生了这样的事情。

"书签事件"之后,在我的建议下,小王的父母取消了把物品和成绩挂钩的奖惩行为,但是从平时和妈妈的沟通中,还是能够感觉到妈妈的紧张和焦虑。小王的成绩稍有起伏,妈妈立刻联系老师,回家加强训练;偶尔的行为问题,也会被妈妈责罚。在这样时时有可能被责备的家庭氛围中,机灵的她为了保护自己少被苛责,所以会说些违心的话,做些违心的事。她就像个穿着厚厚铠甲的"小战士",随时准备进入"备战状态"。一个总是保持警惕,伪装自己的孩子怎么可能活得真实、自在？这样的生命状态,对于孩子的心理、身体、个性、学业等方面的发展都是极其不利的。

可是,小王的妈妈如此焦虑和严厉,就算我信任、理解孩子的行为,这次在校帮小王卸下了厚重的"铠甲",回家面对妈妈的责备,她的"铠甲"不就又穿上了吗？

想到这里,我定了定神,盘算了一下。既然妈妈焦虑而严厉,看起来一下子要改变是很困难的,那么爸爸呢？平时小王口中的爸爸会和她打闹,逗她开心。妈妈不在家的时候,爸爸的诸多允许似乎还能给小王有喘息的机会。所以,我决定请小王的爸爸来校亲身经历"卸铠甲",让爸爸看到理解孩子、信任孩子的力量。

三、谈话——卸下"铠甲"

放学后,我牵着小王的手来到空教室,爸爸则悄悄在教室外,聆听着我们的对话。我看着小王的眼睛,她的眼神显得慌张不安。

"小王,张老师经常挂在嘴边关于犯错的话你还记得吗？"

小王轻声说道:"记得。您说每个人都会犯错。做错事情,只要说实话就好。"

"对,张老师一直是这么说的,你相信我吗？"

小王用疑惑的眼神看看我,没有回答。看着她皱着的眉头,严肃的表情,感觉她在纠结。

我接着说:"刚才在教室中,小李来告诉我丢笔的事情,想必你也听到了。当时,你紧张吗？忐忑吗？"

小王轻轻点了点头。

"这样的感受一定不好受。所以我想帮帮你。老师相信说出实话,会让你放松,会让你安心。我也保证,你说实话,我不会批评你。但是我会告诉你,我能怎么帮助你,好吗？"

看着我坚定的眼神,小王的眉头有了一丝放松。

我轻声问:"小李的那支笔你很喜欢是吗？"

小王轻轻点点头。

"喜欢什么呢?"我追问。

小王低着头,不敢看我的眼睛。许久,她慢慢地一字一顿地说:"那支笔的笔盖上……有很多……闪亮的宝石……我很想要……"

"哦,那种是非常想拥有的感觉,哪怕自己有类似的,但是就是不一样,是吗?"我轻轻拍了拍她的脑袋,试探着问道。

听到这句话,小王突然抬头,惊讶地看了我一眼,眼神中似乎在说:"是啊!就是这样的感觉,你怎么会知道?"

我接着说:"这种感觉会让人即使知道不该拿,但还是会在没人的时候,做出错误的决定,是吗?"

小王抬着的头慢慢低下去了,嘴里嘟囔着:"那天小李走出教室了,我看见旁边没有人,就忍不住,拿了放进了书包。"

随着小王轻轻诉说完,我看到她深深叹了一口气,明显放松了很多。

"哦,我明白了,你认为没有人看到,所以就拿了带回家。你是带着侥幸的心理,做出这样的选择是吗?"

小王点点头。

"拿的时候一定很紧张,现在感受怎么样?"我继续问道。

"还有些紧张的。"小王的眼神又飘向了地面。

"是的,因为你知道自己做错了,害怕我批评。我说过我不会批评你,我想你也应该知道该怎么做。老师还想问问你,拿了别人的东西后,是不是有些慌张? 我询问的过程中,你害怕吗? 这样好受吗?"

小王摇摇头:"不好受。"

"是啊! 我们都愿意让自己安心、安稳,那么再让你做一次选择,你还愿意让自己经历这种体验吗?"我轻轻握着小王的手,我能感觉到她紧张的指节逐渐在我手里放松。

小王缓缓地摇了摇头。

许久,小王喃喃地说:"老师,我错了。"说完,眼泪缓缓地从脸庞滑落。

我张开双臂,抱了抱她。

小王因为被理解、被信任,在询问的过程中,我引导她慢慢体会犯错时和犯错后的感受和想法。就这样,小王慢慢脱下了"铠甲"。理解和信任能给人以安全感,当她觉得在我面前是安全的,她才能够和盘托出,才能走向真实的自己,才能有勇气面对错误,并努力改正。

这时,我徐徐走向门口,邀请爸爸进教室。小王看到爸爸,一脸的惊讶,还有一丝害怕。我立即打开话匣子:"我们的谈话爸爸都听到了,爸爸也保证回去不责怪你,所以我才邀请爸爸来的。虽然发生了这样的事,但是在老师和爸爸的眼里,老师仍然喜欢你,爸爸仍然爱你。对吧?"我把目光看向爸爸。爸爸点点头,说:"我们都爱你,不用害怕。但是,你一定要把小李的笔还给她,并且不可以再随意拿别人的东西,好吗?"小王爽快地答应了。

四、信任——合作共育

小王进教室后,我把她爸爸请到办公室。

"小王爸爸,我知道小王妈妈对她比较严格。我担心如果这次的事情告诉妈妈,她会比较愤怒,会给孩子更大压力,所以我想找你这个在孩子眼里宽容、和蔼的爸爸来帮忙。"

爸爸一脸担忧和疑惑:"张老师,上次的'书签事件'我们已经严肃教育过她了,我们也根据老师您的建议,取消了物品和成绩挂钩的激励做法。可她这孩子怎么又做这样的事呢?我都怀疑她是不是个坏孩子啊?"

看着爸爸一脸茫然且着急的神情,我连忙安抚道:"孩子绝对不是一个坏孩子。我们要相信她,给她改正的机会。再说哪个孩子成长过程中不犯错?"

随后,在和爸爸耐心地沟通过程中,我发现孩子有时对一些新奇的东西感兴趣,都被家长用各种理由拒绝了。因为家长担心,各种新奇的东西会影响孩子的专注度,降低学习效率。

我和爸爸解释了精美的礼物也是一种爱的语言,可以和孩子约定使用的时间、地点和频率等。我建议爸爸可以和孩子达成一些恰当的礼物约定,如过生日、过年等特殊的日子一定要买一样孩子想要的东西送给她;要在客厅中玩耍,有些物品不能带入卧室,等等。

爸爸点头表示赞同,随后说道:"张老师,我感觉到您和孩子的交流方式和我们平时在家和她说话方式非常不同。在这个过程中,我能看到我家小王慢慢从紧张到放松,我能感受到老师的耐心和信任。如果我是孩子,我也愿意放下戒备,和您说实话。"

我对爸爸解释道:"无论孩子做错了什么,在我们老师眼里,她都不是一个坏孩子。我相信她,她也会信任我,那样的她不会穿上'铠甲',随时备战,而她会愿意说真话。家长和老师要关注的不仅是行为,更是行为背后的原因。如果你们的家庭氛围轻松些,和孩子沟通时,先'通情',再'达理',让孩子感受到理解,她才能信任你。就像我刚才询问的过程中,尽量在此基础上引导孩子自己去思考,而不是简单地要求和训诫。只有在这样轻松、信任、安全的氛围里,孩子才能有力量,才能活得真实,才能健康成长。"

接着,基于小王家现在的家庭状况,我建议:等家庭氛围有所改善,孩子紧张的状态有所缓解,行为有所改进后,再告诉妈妈。让妈妈也看到,给孩子时间和信任她的力量,改变会慢慢发生。相信在这个过程中,孩子和家长都能收获成长。

第二天,我收到了爸爸的微信:"张老师,我已让小王把笔交给您,也和孩子就这件事情做好了约定。有合适的机会,我会把这件事情和妈妈做沟通。非常感谢您能用不一样的视角分析我们家庭教育的一些不当之处;谢谢您提醒我们关注家庭氛围;谢谢您能在顾及孩子妈妈的状态下给我提建议、想办法;更谢谢您能用发展的眼光看待孩子,不给她下定义、贴标签。真心感谢!"

看着家长满怀感激的微信,我回复道:"谢谢家长看见我的用意,更谢谢你们的信任,让我有机会帮助她在学校和家里都能卸下'铠甲'。也希望您也能学着在家倾听孩子,在给予她更安全的家庭氛围、更信任的家庭关系的基础上,进行引导和教养。"

回复完微信,我走进教室,对全体学生说:"今天早上,我的桌上多了这支笔。我想,这位同学愿意主动放在我桌上,一定是知道自己错了。我们总有犯错的时候,但知错能改,就是好事。我们一起给她一次改正的机会,好不好?"说完,小张带头鼓起掌来,全班响起了热烈的掌声。我和小王会心一笑,我从她的眼神中读到了信任,价值感和成就感油然而生,耳边响起德国教育家福禄贝尔曾经说过的一句话:"教育之道无他,唯爱与榜样而已。"

见微知著

> 教育的前提是良好的关系。良好的师生关系,良好的家校合作氛围能事半功倍。谈话中,老师关注学生每一个细小的反应,倾听孩子真实的想法,对孩子的情绪感同身受,接纳学生犯错的事实,从而建立了相互信任的师生关系。同时,老师分析了父母各自教育方式的特点,有的放矢地在当下找到对学生成长更有利的合作伙伴,坦诚而透明地沟通,提出可操作的方法,形成家校合力,最终激发学生自我成长的潜能。

3 "认同"

——借助环境的力量

"不知道亭子里为什么放只小猪模型,出现在这里显得多么突兀!校园里出现一段铁轨,应该是有意义的,可是我不知道到底是什么意义。还有学校饭菜太难吃,还有……"

小明的周记本上一大堆的不满,引起了我的重视。周记里所说的"小猪模型"是校园一景——十二生肖之吉祥猪的雕塑,这是一只人见人爱的小猪,这个学生怎么会不喜欢呢?还有他所说的铁轨,是上周刚出现在校园里的,是学校规划中的项目,的确大部分师生都还不知道铁轨的意义,但是这个孩子说话的方式非常直接,他的字里行间都是对学校的不满之意。小明才入学不到一个月,怎么就会对学校都是不满呢?

我开始特别关注这个孩子。小明总是板着脸,嘴角也总是耷拉着,几乎看不到他的微笑。他平时总是自己管自己做作业,和其他同学沟通也不多。我该怎么帮助他呢?我陷入沉思……

一、倾听学生的不满——肯定意见是前提

一个中午,我把小明叫到了身边,准备了解一下情况。当我问到他周记里的不满时,他马上话开始多了:"老师,我是不知道为什么在亭子里放只'猪',放草地上不是很好吗?为什么偏偏要放亭子里?还有那个铁轨,还有学校饭菜,还有……"

又是一大堆的不满,一大堆的怨言。我边听,边思考:小明对学校诸多不满的背后是否另有原因?要想个办法问出背后的缘由来。

听他说完,我煞有其事地握住他的手,对他说:"你刚刚说了很多对学校

不满的地方,我觉得我首先要感谢你,感谢你提出的不满。"

小明诧异地看着我,我继续说道:"你的不满其实是说明你的在意,你希望学校能更好。因为你在意学校环境,你希望学校能更好,所以才会有不满,对不对?"

"我也不知道,反正看到的都觉得不满意。"他说道。

"好,我们从学校的饭菜说起。我记得前几天我还听到我们班宋同学在说我们学校的饭菜很好吃的,你今天说饭菜不好。"我笑笑说,"那看来以前你学校的伙食肯定很好,来介绍介绍以前学校有什么好吃的菜,我来和学校建议一下,看看能不能也烧这些你们喜欢吃的菜。"

他想了想,挠挠头说:"好像也差不多这些菜,没有什么特别好的可以介绍的。"

"那你觉得不好吃的对比是怎么来的呢?"我耐着性子询问道。

他不好意思地说:"我就是觉得不好吃,现在想想好像和以前学校也差不多。"

"那你是把学校的饭菜和你家的饭菜相比了?那可不行,学校肯定比不过家里。家里是给你专供的,符合你口味的,学校肯定没法特供你一个人啊!"我笑着说。

小明听着也笑了。

我继续说:"小明,还有你周记里提出的'小猪'为什么要待在那个亭子里,我也觉得很奇怪,你去找负责的人问问,给他提提意见吧。"

"啊!这还可以提意见啊?老师,哪个老师负责这只'小猪'的啊?"小明似乎非常有兴趣。

"老师也不知道,但是学校每件事都是有人负责的。这样,如果你愿意,老师帮你去问问谁负责,问到了我们一起去问问原因?你也多去看看这只'小猪',可能也会碰到负责的人。"我答道。

小明答应了一声就跑开了。这次我觉得他的脚步似乎轻快了些。

我心想:这几天天气时晴时雨,'小猪'肯定会被移动,他应该会碰到负责的人的,让他自己寻找原因比我直接告诉他更好。

二、与家长沉浸环境——家长认同是基础

正巧,小明妈妈来校给小明送东西,我留住了她,和她沟通了小明的抱怨与不满。小明妈妈表示,小明进入我们学校,他们的确是感到有些失望,他们认为小明有能力进更好的学校,可是考试没发挥好。在和小明妈妈的交谈中,我能明显感受到小明妈妈对小明考入我们学校的失望之情。

我慢慢了解到小明对学校的不认同,一部分其实是来源于他的父母的不满,他的父母还没有认同我们学校。我必须首先得到小明父母的认同,才能帮助小明。

"我知道你们希望小明能进更好的学校,但是由于小明考试没有发挥好,小明考进了我们学校。"我和小明妈妈说,"首先进入我们学校也是你们家长和孩子共同的选择,对吗?"

小明妈妈回答道:"是的,当时我们全家一起商量着填写的志愿。"

我想,也许能借助我们学校厚重的历史,以及一些出类拔萃的校友和学校的硬件、软件条件,可以获得小明妈妈的认可。因此,我在和小明妈妈沟通时选择的路线是学校的院士大厅、百年碑廊、人工智能教室等。

"其实我们学校也不错的,不然当时你们也不会在志愿中填写我们学校。"看着小明妈妈逐渐愉悦闪烁的目光,我提出了我的想法。

小明妈妈点点头,说:"是的,我看到了那么多优秀的校友。我同事也是你们学校毕业的,她也和我介绍过,今天看到了院士大厅和碑廊真的非常令人震撼。"

我继续说道:"这些都是我们学校的过去,我们现在所有的老师和学生都非常努力,希望学校能更好。既然来了我们学校,我们就要接受这个现实,学着去适应。对于孩子来说,如果一直是心怀疑惑,心怀抱怨,他就很难接受学校,更难接受老师,接受同学。本来换了新的环境,每个同学都需要适应。如果他对学校的很多事物都不满,都不愿意接受,带着这样的抵触情绪,他在学校的各类学习生活都会遇到很多困难。"

小明妈妈若有所思地点点头,说:"其实我们家长也没在孩子面前说学校不好,就是时常抱怨他没发挥好,没能进更好的学校。"

看到小明妈妈态度有所缓和,我开口道:"因为缺少了你们家长的认同和肯定,所以他就更难接受现在的学校了。"

小明妈妈点点头,看着我问:"老师,那需要我怎么做?"

我适机提出了自己的建议:"我希望你首先要认同我们学校,然后我们一起来合作,相信小明很快能适应学校,认可学校的。"

之后,我们约定每周联系一次。

三、让学生探寻环境——个体体验是关键

三天后的中午,小明气喘吁吁地跑来找我,非常兴奋地对我说:

"老师,我总算找到那个搬'小猪'的人了,是两位高年级的女生!那天你找我之后,我特地去看了'小猪',就发现它不在亭子里,被搬到草坪上了。可是昨天我一到学校发现'小猪'又回到亭子里了。刚才吃午饭前,我特地又去看了一下,正好看到她们。"小明如此认真地对待这件事,让我看到了这孩子身上的韧劲。

我笑眯眯地问他:"其实老师上午也帮你去学校相关负责老师那里询问过了,知道了这个是自发行为,正想告诉你让你去问这两个女生呢。你问她们为什么把'小猪'搬进亭子,那么突兀了吗?"

他苦笑着说:"我问了,其实是我观察不仔细,我早该发现'小猪'的移动和天气有关。下雨天'小猪'就会在亭子里避雨,天气晴朗'小猪'就会出来晒太阳。"

"现在看到亭子里有'小猪',不觉得突兀吧?"我笑着问他。

"不觉得了。这两个高年级女生是自愿的,不是学校要求她们负责的,她们说她们特别喜欢这只'小猪',特别喜庆!这只'小猪'真的挺喜气的。"

"听你的语气,你也开始喜欢这只'小猪'啦,是不是?"我笑着看着他。

他不好意思地点了点头。

我话题一转,又开口道:"研究完'小猪',你可以研究铁轨了,你不是不明白为什么校园里会出现铁轨吗?我也在好奇这段铁轨出现在校园里的原因。既然你能凭借自己的能力找到'小猪'移动背后的真相,那这个疑问,也靠你的能力去试试看,看看能否揭开这个秘密?"

"嗯，其实我在网上搜过了，查不出来。"他略微沮丧地说。

我示意他可以找到学校相关领导问问。

"啊！难道要找校长？"他惊讶地说。

"你自己决定。"我拍拍他的肩膀，表达了我的信任。

他慢慢走出了办公室。铁轨的故事现在还是个秘密，大家都不知道呢，不知道他能不能探听到消息。

晚上，小明妈妈给我发来了短信："老师，今天小明回家特别开心，告诉我校园里的'小猪'的故事，他说高年级同学特别有爱心。我也乘机表达了一下我对你们校园的赞美。他还说今天你让他去找校长了，一开始我还以为他犯错了要去找校长呢。他说校长给他介绍了学校的一项规划，校长还表扬他关心学校呢，他感觉都要飞起来了。他说他很喜欢校长，很和蔼可亲的。"

"我正是希望他有这种感觉，希望他能慢慢认同我们学校。"我回复她。

小明妈妈很快回复我了："接下来，我开始我们的第二步计划，相信应该能成功！"

看着小明妈妈的短信，我乐上心头。因为小明开始对学校的印象有所改观，也因为我赢得了家长的支持，和我一起合力帮助小明。

第二天，我刚进教室，小明就来和我汇报他的"铁轨揭秘"了。"老师，我昨天放学去找校长了，问到了铁轨的秘密，是和校史有关的。现在不能告诉你，过几天你自然就知道了。"

还和我卖关子啊？

看着他得意地看着我，我假意无奈地说："我不能提前知道内幕消息吗？"

"不可以，我答应校长的！现在是学校的秘密，不能告诉你。"他郑重地回答我。

"好吧！"我故作失望地看看他。

"这个我答应校长了，真的不能说。我再去探听个秘密告诉你吧。"他眼睛笑得眯成一条缝，神秘地说。

"还有什么秘密啊？哪里有那么多秘密啊？"我不解。

他兴奋地说:"有的!昨天,我妈妈说她同事是我们学校的校友,说我们学校校园里有很多秘密呢。"

我灵机一动,说:"那么多秘密,那我们就靠你揭秘,下次请你给全班来个'揭秘时刻',怎么样?"

"一言为定。"他郑重其事地回答我。

他沉浸于他的揭秘了。

四、妈妈助孩子探秘——家长子女共提高

小明同学在她妈妈同事的指导下,在校园中一一揭秘,从学校的历史,从学校的著名校友,从学校的各类社团,等等。他开始慢慢了解学校悠久的历史,了解学校的各类活动以及学校的老师。他的第一个听众就是他的妈妈。他的妈妈也在孩子的介绍中慢慢认同学校。

一天,小明神采飞扬地来找我,说:"老师,上次你说我可以给全班来个'揭秘时刻'的,这事还作数吗?"

我高兴地望着他,问:"你准备好了?"

他兴奋地点头,说:"是的,妈妈的同事告诉了我很多学校可以挖掘的秘密,我都一一找到答案了。我想分享给全班同学。"

我当机立断,说:"太好了,你整理一下,本周班会课的内容就是你的'揭秘时刻'!"

班会课上,小明从他最初对"小猪"的想法说起,介绍了学校的历史、文化、著名校友的故事、各类社团活动、各类社会实践活动等,最后竟然还有"彩蛋"——他研究的"学校之最":学校最老的建筑,学校最老的教师,学校的"哆啦A梦"老师,到校最早的老师,离开学校最晚的老师……

大家都没想到学校竟然有那么多的秘密是他们所不知道的。在小明的介绍下,大家也慢慢了解了学校,喜欢上了学校,了解了学校老师的努力付出,自己的肩上也多了一份责任。

又是一个周五,小明妈妈按照之前的约定打来了电话。

"老师,今天听小明说他在班会课上展示了他的'揭秘时刻'。他说同学们都很佩服他能把学校了解得那么透彻。"小明妈妈开心地说,"他回来特别

兴奋,感觉特别有成就感。"

"是的,今天他介绍得非常出色,平时不怎么说话的他,没想到口才很好的。我也为小明的表现感到骄傲。"

"多亏和老师一起策划了这次行动,让小明自己去了解学校,探索秘密,这比我们直接和他说更有说服力。"小明妈妈夸赞道。

"是的,体验才会思考,才会有认同。"我回答说。

小明妈妈立刻接着说:"对的,对的。我也体会到了这一点,当你和我介绍你们学校的时候,当时身临其境,确实被学校的历史震撼着。随后我才能真心实意地引导儿子。我和我儿子都喜欢上了你们学校,感谢你!"

挂断电话,我耳边还萦绕着小明妈妈欣喜而有又认可的声音。我突然意识到原来那个总是埋怨的小明不见了,取而代之的是这个在教室里眉梢弯弯、笑脸盈盈地和同学们交谈着的小明。

窗外的阳光下,'小猪'憨态可掬,铁轨熠熠生辉。我欣喜地看着小明,内心充盈而喜悦。

见微知著

教育家杜威提出"从做中学"的理论,这是体验教育最重要的理论来源。学生对新学校认同如果只是通过介绍、告知,可能效果甚微。班主任在和家长的商量和协作下,利用"揭秘"这一活动来引发学生自身的探秘兴趣,让学生通过自己的体验去了解学校,探索秘密,会更有说服力。最后组织的班会则是点睛之笔——同伴教育,这让更多的同学从他们自己的视角来了解新学校,认同新学校,爱上新学校。

二　巧开家长会

家长会,一般情况下是由学校或班主任发起的会议,家长共同参与并进行家班、家校间的交流互动。

可现在大多数的家长会逐渐演变成了班主任单方面的"满堂灌",家长的主要任务是听和记,输入变多,输出变少,几乎没有太多互动交流的机会。有时即使在会上提问,大多也是关注自家孩子的问题,共同团结起来齐心协力解决班级群体问题的情况很少。

如何利用好家长会这个群体性平台开展活动,达到育人目的呢?

如何让家长会成为吸引家长参与的会议呢?

其实,做一点小小的改变,收效就会大大不同。

1 "排桌椅"风波
——智慧引导型家长会

一、短信诉不满——安慰暂缓解

"嘟嘟",晚上九点多,手机发出了消息提醒声。原来是小Q妈妈发来的短信:

"老师:今天放学前,小Q班中的中队长小C,和其他几个班干部一起排桌椅。小Q觉得他已经排整齐了,小C觉得他没有排整齐,这时其他几个都跟着小C说他没有排整齐。最后双方起了争执。小C一声令下:上!其他几个同学一起把小Q的手从桌子上掰开,把桌子排成他们认为整齐的样子。孩子回来非常委屈,也很生气。我觉得班干部小C这样的行为和言语,实在是不妥当,而且他们之间的矛盾已经不止一次发生了。我知道老师的工作很繁忙,所以以前我都是告诉孩子玩不到一块,就离远点。但是这次考虑到安全的问题,所以想让老师知晓。"

看着短信,我能感觉到虽然小Q妈妈言语客气,但是背后的不满和委屈已经"溢于言表"。我像一名灭火队员一样,第一时间进行了安抚:"小Q妈妈,我理解您心疼孩子,等明天到校我会询问。谢谢您的提醒。"我的理解让小Q妈妈平和了些,很客气地和我道谢。

二、支招却无用——调查显问题

一早来到学校,在办公室里,我开始了询问和倾听。实际情况确实是小C同学和其他小朋友一起在小Q不情愿的情况下,掰开他的手,帮他排了桌椅。其实,小Q最介意的是小C和其他几个班干部都觉得他并没有把桌椅排整齐,都没有认可他的劳动成果,这让他很挫败,才有了后面的冲突。随后,我用这个例子,和全班同学讨论了如何平和而坚定地表达自己的想法。虽然不能立刻解决什么,但是我想我会种下一颗表达艺术的种子。

随后,就这件事情我和小 Q 妈妈进行了反馈。电话中,她把她的想法向我娓娓道来:"老师,实话说,我也知道孩子们打打闹闹很正常的,而且男孩子更加是这样。但是这小 C……他俩之间经常有矛盾。我总是和孩子说'同学之间要友爱,要好好相处'。但他们之间还总是会因为一句话、一样东西就不高兴了,实在烦人。后来我就和我家小 Q 说'玩不来就少玩点'。我怎么可能一天到晚帮他去处理这点事情。老师,你说是不是啊?"

接着我给小 C 妈妈打电话。小 C 妈妈表示一定配合老师,同时也诉说了很多以前小 C 和小 Q 的矛盾,但为了不增加我的工作负担,都自己处理了。

放下电话,我陷入了沉思。孩子的表述总是倾向自我的,这样家长就很难了解到完整的事实,因此他们的处理可能是片面的,这也是支招会无效的原因之一。当孩子下回再碰到类似事情的时候,家长的情绪已经慢慢产生了变化,脑子中觉得"对方孩子不讲理""自己孩子被欺负"等评论就会"冉冉升起"。带着这样的评论,处理事情往往就不会那么公正,甚至有时会引起家长之间的冲突。这是家长普遍存在的问题。想到这,我决定以"观察与评论"作为最近一次家长会与家长们探讨的内容。

三、问题+讨论——会议促思考

家长会前我征得小 Q 和小 C 妈妈的同意,把"排桌椅风波"设计成案例,引发家长的思考。

小陆妈妈非常积极地分享道:"我觉得这场景很熟悉。孩子们打打闹闹太正常了,所以孩子和我说同学间的小事,我经常就说,别在意。"

小胡爸爸说:"孩子碰到问题,我会告诉他怎么办。但有时真的就是没用啊!弄两回,我也觉得烦。"

小陈爸爸还说:"每个家庭的价值观都不太一样,有的行为这家可以,但在那家就不行。碰到这样的情况,我就会让孩子少和对方玩。但是孩子不听啊！玩要玩，吵也要吵！"

三位家长的分享让班级许多家长都连连点头。看着大家迷惑而又烦恼的表情，我亮出了今天家长会的主题：观察和评论。

随后，我清了清嗓子，向家长们提了一个请求："请看看以下几句生活中我们经常能听到孩子回来反馈的话，看看是评论还是观察？"

家长们好奇地看着屏幕，上面显示着几句话：

1. 今天贝贝上课在啃指甲。
2. 这孩子这么干不是欺负人吗？
3. 昨天在上体育课的时候，小陈推了我一下。
4. 昨天在上体育课的时候，小陈无缘无故地推我。

不一会儿，家长们就有了答案：1和3都是观察，2和4都是评论。这时，我环视了一下家长们，他们的表情似乎在说：这不是很显而易见的吗？

我顿了一下，笑着说："是啊！区别观察和评论难度不大。但是如果当你带着对其他孩子的'霸道、欺负人'的标签，在处理孩子间冲突的时候，会不会容易偏颇？我想这是值得我们思考和体会的。"看着家长们若有所思的样子，我停了停，继续说，"那我们还有别的选择吗？如果你是小Q妈妈，你会怎么做呢？"

我组织家长分为八个小组进行讨论，最后反馈。每个小组内有一个家委会成员，在他们的带领下，开展了热烈的探讨。汇总讨论结果时，家长们一个接一个积极地分享着自己组内讨论的结果。

小陆妈妈说："孩子说什么，我们会先听，最后问问他们需不需要帮忙。可能说完了，他们自己也就能解决了。"

小孙妈妈说："我们会选择双方家长自己私下解决。"

小赵妈妈忙说："私下解决，沟通不到位时，很容易就对立起来了。我们组觉得还是找老师解决！"

这时立马有家长反对："这总找老师解决也不是办法，老师也很忙的。我们要培养孩子自己解决问题的能力，他们长大了，总要学着自己解决问题。"

二 巧开家长会

听着家长体谅的话语，我的心暖暖的。我接着小李妈妈的话，继续说："是啊！我们要培养孩子自己解决问题的能力。还记得在前几学期的家长会上，我不断和你们分享的倾听和共情吗？"有的家长点头，有的家长似乎在回忆，我接着说，"我们可以说："1.你的手疼吗？让妈妈看看。2.小Q，你是生气他们掰开你的手吗？3.你是生气他们都认为你排得不整齐是吗？4.你现在需要妈妈为你做什么？大家听听这样的表达会不会让孩子感受到理解和支持？"家长们连连点头表示赞同。

"那天当我和小Q沟通完以后，小Q不但看到了自己生气背后是因为没有得到其他同学的认可，而且也承认自己那天桌椅确实没有排整齐。最后表示还是很愿意和小C他们一起玩。还问我：'老师，下回我生气不知道该怎么说的时候，我可以来找你吗？'看！这样的结果不正是我们所期待的吗？"

不知不觉，时间已经晚上九点了。最后，我动情地和家长分享了我的感受："这次家长会，我看到了家长们对我的信任和体谅，我也想为大家提供更多思考的方向、实践的方法。我愿我们共同携手，给孩子创造信任的氛围。我们要相信当我们能够捕捉到事件发生后孩子的感受，看到孩子背后的想法和需要时，他们自会找到解决问题的方法。希望大家可以踊跃尝试！"

通过班级的突发事件，如果老师能够多一些思考，就能从这些事件中找到践行家班共育的独特角度，就有可能让家长会的内容更贴合实际，更容易达成一些共识并激发家长们实践的意愿。

家长会结束时，不少家长走向我，和我交流他们的想法，表示回家愿意多做尝试。深秋夜晚，从窗口透进丝丝寒意，但是教室内的我们心里温暖且有力量。

见微知著

正如英国教育家洛克所说："家庭教育不仅是基础教育，而且是主导的教育，给孩子深入骨髓的影响，是任何学校教育和社会教育代替不了的。"家庭教育的重要性毋庸置疑，但现在的家长们对于沟通的方式、引导的方向没有深层次的思考，往往是跟着感觉走。在这个

> 故事中,老师通过把班级中的突发事件设计成案例,利用家长会的平台和家长一起讨论。在老师的带领下,提供给家长不同的视角和实践方法,整合家庭教育和学校教育的理念,最终形成了教育合力。

2 "乾坤大挪移"

——头脑风暴型家长会

一、对话引启发——借力打力

接连收到三个家长的电话，电话那头焦虑地向我吐槽的是同一个话题——手机。家长们电话打给我，一定是希望寻求帮助的。而电话这头的我，对于这个世界难题，除了临时用班主任的身份苦口婆心劝说孩子一番，似乎也只有头疼的份。

是不是还有其他家长也有这个困惑呢？怎么提供帮助呢？这个问题一直盘旋在我的脑海里。

直到一次，我在小区里遇到了小宋妈妈和小张妈妈。

小宋妈妈拉着我叹苦经："老师啊，我前几天到家晚，小宋居然还在玩手机，那时作业都没做完！"

结果小张妈妈说："我女儿之前也有点手机瘾，我发现后就和她谈了一下，制订了手机使用时间表，后来一直挺好呀！"

"呀？怎么定的时间？快和我说说！"小宋妈妈忙拉着小张妈妈询问起来。

"客气客气，我还想向你讨教呢，你儿子数学那么好，课外做些什么合适？"

小张妈妈和小宋妈妈越聊越欢，她们互相之间都有所收获。

我突然想到：家长们天天面对这些孩子，他们自己不就是这方面的"专家"吗？有的擅长解决的问题或许就是别人亟待解决的问题呀！这不由得让我想到了《倚天屠龙记》中的绝世武功"乾坤大挪移"，其中一大功能就是复制对手武功，借力打力。作为班主任，我不一定能解决学生自控力的问题，但我可以提供平台，借助家长优秀经验的力量，让家长们互相学习，博采众长。

想着再过两周就有家长会了，我开始琢磨起来。

二、主题巧探寻——家长征询单

第二天，我走进教室，向所有学生下发了我自制的家长征询单，希望他们带回给家长填写，两天后交。具体内容如下：

家长，您好！两周后我们班级会召开家长会。请问，您近期有什么希望在家长会上与其他家长共同探讨的困扰吗？请简述并罗列在下面，最多5条。

_____
_____
_____
_____

第二天一早，我进教室想看看有没有已经写好的，结果一问，学生们的手都唰唰唰举了起来。

小宋举着征询单嚷着："老师，我爸写得可积极了！你看，写了4条！"

小沈也把征询单递给我，说："我妈虽然只写了1条，但她把具体情况也写上去了，密密麻麻的。"

我一数，全班竟然都写好了。随后我仔细翻阅了一遍，呀，家长们的热情度真高！每一位家长都在征询单上提出了困惑，有的写得相当详细，有的甚至父母都参与了提问。

问题非常庞杂，我和班委们对所有问题进行细分和归类，经过一番琢磨，最终三类问题重复度最高：

1. 孩子作业拖沓怎么办?
2. 孩子手机时间控制不住怎么办?
3. 家长资源共享与沟通类。

    班长小何看着这3个问题,皱着眉说:"这3个问题不论是作业拖延还是手机管控,都是世界难题吧!怎么解决呀?"于是,我把小张妈妈和小宋妈妈的事情和班委们进行了分享,班委了解后纷纷表示值得借助家长的力量一试,哪怕只是理念上达成共识。

    "可是用什么方式讨论呢?"我犹豫这次家长会讨论的方式。

    脑袋瓜最聪明的学委小杨拍着大腿说:"老师!让孩子都有手机瘾的家长坐在一起根本解决不了问题,只有抱怨。我们可以让孩子没有这个问题的家长们坐一组,这样他们一定能讨论出共性的做法!"

    班委们眼睛唰一下都亮了,对,就这么干!

    于是讨论着,我们共同编写了第二张家长征询单,内容如下:

    家长,您好!第一次征询单一共征询到38个不同的问题,其中三类问题提得最多:1.孩子作业拖沓怎么办?2.孩子手机时间控制不住怎么办?3.家长资源共享与沟通类。

    请您思考一下,哪个问题并不是您的困扰,甚至您有有效做法的,请选择那一组。如我的孩子作业一直抓紧完成,不拖沓,那么就选作业组;我有实现大家互动交流的办法,则选资源组。

    请选择您擅长的小组:

    作业组(　　　)　　手机组(　　　)　　资源组(　　　)

    收到第二张征询单后,小陈嘟囔着嘴说:"我爸要是进了手机组,我都想好他的办法了——没什么是打一顿解决不了的!"

    "对啊!万一家长们讨论了半天,研究出更多攻略,我们不就完了?"小袁也苦着脸。

    "你们的这些顾虑老师在开班委会时都考虑到了,所以我们有对策哦!"

我笑着回答。看到那些愁眉苦脸的孩子们纷纷抬头望着我,我又说,"这次家长会,每组都会有学生代表一起参与讨论,站在我们学生的角度提出自己的想法。所以如果家长说要打——"

"我们会拒绝,哈哈。"班长小何接话道。

学生们这才露出了轻松的笑容,纷纷讨论起了志愿者人选。没多久,三组学生志愿者就产生了。这次家长会的三大主题也尘埃落定。

三、会前大准备——隆重仪式感

为了让家长重视这次家长会,真的沉浸其中出谋划策,从而真正对学生产生正向作用,我决定将它办得更具仪式感。于是,我给每个小组的家长下发了家长会小组邀请卡,明确了他的小组分组情况,并表达了盛情邀请前来解决其他家长疑虑的感谢。同时,我利用微信群对本次家长会做了隆重的介绍,把小组最终分组情况进行了分享。

到了家长会那天,一放学,我和学生们一起忙活起来,各司其职,为了迎接6点半的家长会。劳动委员小李组织学生大扫除,把班级打扫得干干净净;宣传委员小王组织宣传小组的成员们对黑板进行了美化,他们写上了大大的标题"研讨大会",并在周围认真画上了装饰图案;班长小何组织大家把班级桌椅排成了三大组,在桌子上都留下了自己的一支水笔和一张白纸,供家长讨论时用;体育委员把打印好的席卡一张张折叠好,放在每张桌子上;负责多媒体的小曹开启电脑,调试PPT;我则组织三组共计六名学生志愿者进行最后一次会前培训,他们一会不止是参与讨论,还要负责迎接家长、组织讨论、会议记录。大家都忙忙碌碌,又井井有条。

6点刚过,六位学生志愿者先化身"迎宾队"。大家把后门关上,四人站门口负责欢迎,一人在讲台旁负责签到,一人负责引导至座位。想象一下,假如你是家长,走进教室,左右两边的学生鞠躬,毕恭毕敬地说"欢迎家长来参加会议"。随后,讲台前的学生递给你一支笔,引导你在讲台上的签到表上签字。一签完,就有一名学生引导你入座。事后有家长打趣道:"一进来就觉得好隆重,我连坐都是正襟危坐了。"

四、交流大创新——头脑风暴

家长都入座后,六名学生志愿者进入自己负责的小组。我则向家长鞠了一躬,清了清嗓子说:"各位家长,各位同学,大家好!欢迎大家参加今天的研讨大会。我介绍一下与会人员,本次参与研讨大会的是我班全体家长,我们也很荣幸请到了我们班级的学生代表共同参与此次会议。"

说到这里,学生代表起立,家长不约而同地鼓起掌来。

"我作为主办方,为大家提供此次平台,也会等会儿共同参与各组的交流。今天研讨大会的形式是头脑风暴。现在按照大家征询单的选择进行了小组分组,每组都是擅长这个话题的'专家'们,希望大家能够在自己的小组不要保留,尽情交流。我们的学生志愿者会做好主持工作,桌上的纸笔可以使用,最终我们要形成达成共识的小组结论,由小组代表 1 小时后进行集体分享。"

在确认家长都明白今天的讨论规则后,我接着说:"好,接下来我宣布:本班研讨大会,正式开始!"

刚宣布完,每组的学生代表开始主持讨论。不一会儿,就进入了紧张的讨论,家长们各抒己见,思维的火花不断碰撞。

我走到了手机组坐下,此时学生代表正说着:"我们组首先有个核心问题:手机到底给不给孩子?关于这个大家先表个态。"

我心想:手机对于家长来说如临大敌,会进这个组的家长,他们的孩子都没有手机问题,是否是接触不到手机的缘故?那接下来可要变成如何和孩子斗智斗勇的讨论啦!

这时,小章妈妈带头说:"给!"随后,这组所有家长都表示应该给。

呀,居然给手机!其他组家长正为管不住孩子手机发愁,手机组如果讨论的优秀经验是给手机,这是否反而是纵容?于是,我忍不住提问:"那如果孩子手机是用来打游戏,还能给吗?"

没想到,小王妈妈说:"老师,我觉得打游戏也正常呀,如果是我,我会给。"

小章妈妈补充说:"我也觉得能给。平时孩子上学时神经紧张,如果游戏时可以放松一下,其实也是可以的,调节身心嘛。"

小李爸爸摸了摸自己的下巴,若有所思地说:"我觉得这样说可能比较合适:给,但我们给是基于理解孩子,尊重孩子。毕竟大人的生活里手机也是必需品。但是我们的给是有限度的。如果手机对孩子出现了负面效果,那时就需要加以限制!"

大家纷纷表示同意。

我不甘心,继续追问:"那如果孩子成绩不好,可能需要花大量时间在学业上,还给手机吗?"

令我无比意外的是,所有的家长依旧坚持要给。小章妈妈说:"我觉得尊重是相互的,我们尊重孩子,孩子才会尊重我们。而且一直不给,手机反而成为了一种诱惑,孩子们天天就想着手机。给她手机,还能打破这种新鲜感呢。"

我没想到家长的答案会是这样,但这背后的理念更让我为之动容,深受启发。

学生代表继续提问:"那么这个度到底是什么?怎么把握比较合适呢?"

小李爸爸说:"我一般是在时间上进行控制。但我会和孩子提前商量,有一个约定。比如周一到周五是学习日,以学习为主,周末可以玩。"

小杨妈妈接着支招:"我和小李爸爸做法类似,但我会把我和孩子商量的结果写下来,写成像那种公约一样的,两个人在下面签字,贴在墙上。孩子就按照约定的时间使用手机。"说着,小杨妈妈还在纸上画出了她和儿子公约的大概样式,供大家参考。

小章妈妈说:"小李爸爸提到的周末可以玩手机我觉得也要加以限制,我和孩子约定的是非考前的周末每天1小时,太久我也担心孩子沉迷其中,也影响眼睛。"

小王妈妈点着头说:"其实孩子玩手机很多时候是打发时间,有时他们无聊啊。所以我周末会带孩子出去走走,植物园里逛逛,多组织户外活动,陪伴孩子去探索,这时,孩子绝对不会全程盯着手机看的。"

学生志愿者笑着说:"我们来之前,都以为你们会说'打一顿',我们要反抗到底,哈哈。"

大家都笑了,小王妈妈说:"打不能治本,还会伤了孩子的心。孩子越来越大,尊重才是最重要的,尊重孩子的习惯,让他做选择。"

讨论逐渐进入了白热化。我在三组之间轮流参与交流。有家长观点相左,大家出谋划策的;有家长身体前倾,聚精会神聆听的;有家长豁然开朗,马上记在自己的纸上的。

1个小时转眼就到了,我示意家长们暂停交流。结果作业组说:"老师,我们还要再讨论一会,我们想把结果整理得再好一点。"手机组和资源组也同意再延时讨论。看着家长们眼中那种迫切希望交流的光芒,想想他们也是工作了一天再来参加家长会,但还有那么大的热情,我知道,今天这次交流对他们来说是酣畅淋漓的。于是,讨论又顺延了20分钟,三组陆续完成了结果整理。

五、结果促提升——火花碰撞

交流时间到,作业组第一个交流。我请作业组代表小柳妈妈上台,面向所有家长站在讲台前方。我则打开PPT编辑界面,准备在家长交流时,实时把关键词和信息输入在PPT上,供大家参考和记录。

小柳妈妈拿着小组讨论结果说:"很高兴今天能有这样一次讨论的机会!我们小组是作业组,讨论如何提升孩子的作业速度。可我们最先思考的就是:如何界定孩子作业的速度?有时作业多,做得晚一点也是应该理解的。如果孩子因为某些做不出的题目在那里苦思冥想时,千万不要批评,要尊重孩子。此时批评可能会让孩子心绪更烦躁……"在小柳妈妈分享时,下面鸦雀无声,家长们都听着记着,格外入神。尤其小柳妈妈讲到提升作业速度的方法时,不少家长更是伸长脖子仔细倾听,不时点头表示同意。随后的手机组、资源组的分享更是获得掌声无数。资源组还在讲台上当场完成了班级活动策划组的招募工作。

我投影打着三张小组讨论结果的PPT,不禁感叹:"这三组方法虽然各有不同,但是结论中有一个词三组都提到了——尊重。我想,进入初中后,孩子们进入青春期,家长要理解他们与家长的相处可能不再是父母上、孩子下的上下关系,而是平等的左右关系。家长要做的是帮助孩子成长,而不是损人不利己的骂战。

今天,三组家长都向我们展示了他们教育中的智慧。当今天有些想法让你豁然开朗时,恭喜你,你有所收获了。今天虽然不一定能探寻到百试百灵的方法技巧,但是至少理念上我们都是一致的,尊重孩子,帮助孩子。今天不只是一堂研讨大会,更是一节重要的家庭教育课!"

时针悄然过了8点半,我宣布研讨会议闭幕。大家起身准备回家之际,小王妈妈问我:"老师,我们希望再开一次,下次什么时候?"周围家长都纷纷表示同意。小章妈妈说:"今天太不一样了,像头脑风暴一样,我收获也很多。"小宋妈妈说:"今天了解得更详细,我应该要理解我儿子,然后尽自己能力帮助他。"

再后来,我在学生的周记上看到这么一段话:"我爸爸居然和我制定公约,而不是粗暴地把我手机收走了。我喜欢公约的方式,我会坚持。"有学生在用了家长会上别的家长推荐的计时法后,作业速度加快了。看着这显著的收效,家长、学生也开始期待下一次的家长会了。

见微知著

古希腊著名哲学家苏格拉底曾提出过产婆术,是苏格拉底关于寻求普遍知识的一种方法。在产婆术中,是指双方谈话的过程中,并不直截了当地把所应知道的知识告诉对方,而是通过讨论、问答甚至辩论方式来揭露对方认识中的矛盾,让对方反思,逐步从个别的感性认识,上升到普遍的理性认识、定义、知识,最后得出正确答案的方法。苏格拉底曾把教师比喻为"知识的产婆",班主任工作又何尝不是如此呢?

这次特别形式的家长会,正是给家长创设了讨论、沟通的平台,让家长在头脑风暴中逐渐把一些感性的认识提炼成具有普遍意义的做法,互相学习,家长的困惑由家长来解答。家长在此过程中抓紧与班主任在理念上达成共识。这场"乾坤大挪移"借家长的力来答家长的疑,群策群力共同促进了学生的成长。

3 我们的梦和你的梦
——家班群策型家长会

一、我想有个梦——普遍诉求

"老师,我不知道自己想考什么大学。"

俞同学的一句话让我吃了一惊,忙问:"都高三了,还没考虑过考什么大学吗?"

他笑笑说:"进高中后一直觉得高考离自己很远,一直没考虑过,突然就高三了。"

这时候,好几个同学都围过来说:"老师,其实我们都是这样的,感觉自己很茫然。"

看来这还是个普遍问题!高三是最接近梦想的时刻,高三的他们应该有自己的梦想、自己的目标才能走得更快,走得更远。我想我应该帮他们找到他们的梦,这样他们才能更接近自己的梦想。

为了确切了解班中学生的情况,我在家长群中发了一则调查问卷:

问题1:您知道您孩子梦想的大学吗?(选择题)
　　A. 知道　　　　　　　B. 不知道
问题2:请您问一下孩子,他(她)有自己梦想的大学吗?(选择题)
　　A. 有　　　　　　　　B. 还没想好
问题3:请写出您孩子想考的大学。(填空题)

第二天的调查结果是 87% 的学生还没想好自己想考的大学。我把调查结果发到了家长群里。

家长群里炸开了锅:"都高三了,难道一点都没想过?"

"我很小的时候就想好要考什么大学了,虽然最后没考上。"

"其实我高三那年也是没想过,考到什么大学就是什么大学。"

……

每个家长都有自己的想法,但是家长们和我达成共识的是:有梦想肯定比没有梦想好!

"我们应该帮助他们寻找自己的梦想了。"我在家长群里请家长们都出出主意。大家在家长群里都开始回忆二十几年前大家的高考,想着当时的"我们"是怎么开始有自己梦想的。大家想了很多方法,最后我们确定下来:去高校寻梦。

二、寻找梦想——群策群力

"去哪所高校?去高校干什么呢?谁来介绍高校呢?"

"走马观花的参观,他们会有感触吗?"

"让他们去大学秋游一次会有效果吗?"

这些是抛给我和家长们的问题。我希望家长们共同想想对应策略。

这时,好几位家长在家长群里自荐:"老师,我是华东理工大学毕业的,我可以介绍华东理工。"

"孩子他爸爸是复旦毕业的,可以介绍复旦。"

"我是上大的。"

……

我也在群里自荐:"我是华东师范大学毕业的,我可以介绍华东师大。"

资源是很多,但问题是:那么多大学,选哪所呢?

我的手机里收到王同学家长发给我的一条私信:"老师,我们都没读过大学,没办法出力了。其实我们也想去参观参观大学,我们家长可以一起去吗?但还是有点难为情。"

我为自己在群里交流时没有提前考虑到这个情况感到内疚,于是马上回复:"当然可以,我正准备要开个家长会。我们这个家长会就到大学校园中去开。你们必须要去的。"

学生的爸爸妈妈心中也都有一个自己的大学梦,有的进了自己梦想的大学,有的考上了大学但没进自己理想的大学,有的没有考上大学。这个梦也在我们每个家长的心中,而这个梦将由我们的孩子来传承。我想到了两个字——传承。正好高三需要开一个介绍高考新政策的家长会,那我们就借这个机会把家长会开到周末的大学校园中。一方面介绍高考新政策,另一方面更是走进大学,了解大学,让家长找回自己的梦想,让学生找到自己的梦想。

我把我的设想和家长们说了以后,家长们积极响应,自告奋勇地开始策划这次家长会。

我在家长智囊团的要求下,领到的第一个任务是在家长群中发第二份调查问卷:

1. 家长,您的大学梦是什么?请写出您读高中时最想进的大学。
2. 请问您毕业于什么大学?
3. 您愿意带领大家介绍自己的母校吗?

调查结果:

1. 近90%家长读高中时想考的大学是复旦大学和上海交通大学。
2. 全班学生的父母中有两位家长毕业于复旦大学,有一位家长毕业于同济大学,三位家长毕业于华东政法大学,等等;有部分家长没有读大学。
3. 大部分家长都愿意带领大家介绍自己的母校。

根据调查的结果,家长们决定去自己梦想的地方——复旦大学和上海交通大学。可是由于时间的限制,我们只能在这两所高校中选择一所参观。

"老师,我毕业于复旦,可以带大家深度游复旦。"一位家长自荐道。"还有我,我也可以帮忙介绍复旦。"考虑到我们班家长中没有毕业于上海交通大学的家长,我们最终把我们寻梦的地点定在了复旦大学。

记得一位家长是这样发表感慨的:"小时候,我就叫嚣着要考复旦大学。

可是自从和复旦无缘后,复旦一直深深藏在了心中的一个角落里。我也从来没跨进过复旦一步,感觉这次家长会是我去追我的梦了。"

那我们家长们的梦想又能带给孩子们什么呢?

家长们设计了多种方案:

方案一:参观校园以及去大学蹭节课。

方案二:参观完校园后大家谈谈感想。

方案三:每个家长分享自己当年的梦想。

……

一切在我和家长们的共同策划中进行着。

三、我们的梦你的梦——一起圆梦

十月的一个周六,上午九点,我们班的同学和家长们在复旦大学的正门集合。

"老师,我们那么多人难道在校门口开家长会?"我们班的"话多多"宋同学一见我就问道,他爸爸在边上笑着摇了摇头。

"是的,我们的家长会现在开始。"我笑着说,"来,我们分为两组,喜欢文科的同学请站我右边,喜欢理科的同学请站我左边。"

大家分好组后,我宣布家长会的第一个内容是:追梦。

我隆重请出了两位特邀嘉宾:毕业于复旦大学通信工程专业的许同学的爸爸和毕业于复旦大学国际政治专业的周同学的爸爸。

两位学霸爸爸分别带领着理科参观团和文科参观团开始了复旦的追梦之旅。

周同学爸爸一路带领着家长参观了复旦大学的一教、二教、三教这些教学楼,他介绍说,他读大学时很多课都是在这些教学楼上的。

刚进教学楼时,"话多多"还一个劲地问这问那,突然看到教室里坐满了大学生,可整个教室都是鸦雀无声时,他瞪大了眼睛,朝我吐了吐舌头,再也不作声了。参观的同学和家长们都放轻了自己的脚步,默默地走过一个个坐满学生的教室。

看到大学的自修教室,学生们惊讶地小声说:"怎么没有老师的?""那么安静,真有学习氛围!"

在第三教学楼里,周同学爸爸把大家带到了"3108"教室,我们往里看了看这个大型的公共教室,原来这就是之前周同学爸爸特别介绍的复旦大学最有名的教室。所有的复旦人都不会忘记"3108",这是个开到最晚的通宵教室,这更是一个"追星"的教室,最早美国总统里根访华时曾在这里做过讲座,后来很多大师在此讲学。"3108"的每个讲座,座无虚席,窗台上、走廊里,全部站满了人。学生和家长们想象着这种令人震撼的情景,羡慕不已。

周爸爸还给大家介绍了复旦中央食堂门前的海报栏。这里各式各样的海报,从人文地理到社会政治,几乎涵盖了所有热门的话题。最后周爸爸带大家去了他大学时的宿舍楼,因为他说,这里对他来说是最有故事的地方。

许爸爸带着他的理科团队来到了数学楼,讲起了苏步青的故事;来到物理楼,讲起了谢希德的故事;还带大家来到了他读大学时学习的地方——物理楼和逸夫科技楼。还有他去的最多的地方——图书馆。同学们看到双休日图书馆还是满满的人在学习,都表示自己落后了许多许多,真的需要向他们好好学习。许爸爸还带大家进入了大学实验室,同学和家长们近距离接触了实验室里最尖端的科技。

一小时的参观活动后,大家聚在了复旦大学的一间教室里。

"今天的家长会很特殊,第一个特殊是家长会参加的对象特殊——家长和学生;第二个特殊是地点特殊——复旦大学。为什么要选复旦大学呢?"我看了看学生们说,"因为许同学和周同学爸爸是毕业于这里吗?当然不是,我们家长毕业于各类大学,有毕业于华东师大,有毕业于上海财大,有毕业于同济大学,等等,可以选择的大学很多很多。我们选择复旦大学,是因为复旦大学是我们几乎所有家长高中时代的梦,我做过问卷调查,我们班近90%的家长在读高中时都希望自己能考上复旦大学。今天我们的参观复旦校园活动,其实是跟着我们的爸爸妈妈来追梦的。现在大家是不是也和爸爸妈妈一样希望自己能考上复旦大学?"学生们都一个劲地点头。"其实我和你们也一样,我也想成为复旦的学生。可是我和你们的父母一样,我们现在离复旦越来越远了。但是你们不一样,你们现在是离复旦最近的时刻!离自己梦想最近的时刻!我们的梦靠你们来传承!"我说道。

"那你们的梦想在哪里呢?有同学和我反映自己很茫然,有哪些大学都不清楚。今天我们家长会的内容就是'追梦、找梦、圆梦'。我现在请几位家长介绍部分985和211大学以及这些大学的优势专业。"我知道这几位家长都不是我请的,都是自告奋勇参与的。每个发言的家长都做了精心的准备,他们除了介绍自己毕业的大学以外,还要负责介绍别的有名高校。为了追求发言内容的准确性,他们多方求证,请教了很多朋友了解情况,整理数据,还和我多次确认。所有的家长和学生都从他们的发言中感受到了他们的严谨。

"现在我们对各个高校有了一定的了解,而要进入'双一流'高校,大部分同学都需要参加综合评价批次的录取,这就是接下来我要给家长和同学们进行的高考新政策的解读。"这部分内容是由我来负责介绍的。由于在开家长会之前,我把一些资料通过家长群发给了家长,家长们今天都是做好了功课来开家长会的。在解读阶段,除了我的相关解释外,好几位家长还作了补充,把自己了解的资料分享给大家。大家都被这几位热心的家长所感动,学生们更是学到了这几位家长做事的执着。

家长会的第三个内容是"圆梦"。当大家有了自己的梦想,自己的目标后,我们该怎么做呢?

带我们参观校园的许爸爸站到了所有人的前面,现在他的任务是给大家介绍学霸是怎么养成的。他的高中故事的主题是两个字:专注。第二个站上台的是吴爸爸,他给我们讲的高三故事的主题是困难和挫折,他介绍了他的高三阶段遇到的问题和解决方法。第三个发言的是刘妈妈,她作为一个二胎妈妈,一个刚把自己大女儿送进大学的妈妈,她给所有的家长介绍的是高三家长会面对的问题和解决建议。

"三位家长的发言从三个维度告诉大家圆梦要做些什么,相信不管是家长还是学生都是受益匪浅的。"我最后总结道,"今天的家长会,爸爸妈妈们一起追随着他们的梦想,爸爸妈妈又带着孩子寻找孩子的梦想,接下来我们的任务是爸爸妈妈和孩子一起来圆梦。祝福大家都梦想成真!今天非常感谢所有的家长,所有家长都参与了这次家长会的策划、组织、准备的工作。非常感谢大家!我们今天的梦都是家长们托起的。"

家长会的最后我给家长和学生都布置了作业:

1. 家长孩子协作完成模拟填志愿(只能填一所大学的一个专业),这就是你的梦想!

2. (学生作业)设想在高三自己可能会遇到的困难和挫折,并写出你的解决方案。

3. (家长作业)请在家长群中分享你读高三时曾经遇到的困难和挫折以及你当时的解决方法。

见微知著

苏格拉底曾说:"世界上最快乐的事,莫过于为了梦想而奋斗。"这次家长会是家长和班主任为孩子一起托起梦想的过程。在家长会上让家长从被动听课,转变为教师和家长之间、家长和家长之间共同启发、探讨教育孩子,努力形成良好的互动新模式。从追梦、找梦、圆梦三个环节,孩子们感受到的是家长追梦的执着,自己找梦的快乐,更有为圆梦而奋斗的向往。

三 创意组织家委会

家委会是密切家校关系的桥梁和纽带,是实现家班共育的重要形式。家委会的加入完善了学校教育、家庭教育和社会教育三位一体的教育体系,创造了更有利于学生健康成长的教育环境。

家委会分学校、年级、班级三个层面,本专题主要介绍的是班级层面的家委会的操作。

作为班主任,我们往往有这样的困惑:

怎么选择合适的班级家委会成员呢?

在确定班级家委会的成员后,家委会中需要设置哪些岗位呢?

如何建立一个有教育远见又甘于奉献的家委会组织呢?

家委会是怎么和班级、和老师、和学校协作的呢?

家委会又是怎样参与到班级的各类活动中呢?

……

本专题我们从班级家委会的组织和建立的故事开始,逐

三　创意组织家委会

步介绍家委会的岗位设置和家委会参与策划班级活动,让家委会不再成为班主任心头的困扰,而是班主任建班育人的"羽翼",共同守护学生的成长。

1 加1大于2——家班共育有创意

1 细致且隆重

——家委会成立

一、竞选前提——专业和态度

9月底的校园,一如既往地慢慢热闹了起来。9月1日,新入学的学生们睁着懵懂的眼睛,带着好奇的心,走进接下来要相伴多年的学校。

站在讲台上,我知道除了让孩子们尽快适应学校生活,让家长们放心,揣在我心里的还有一件事:家委会的组建工作。2012年教育部印发了《关于建立中小学幼儿园家长委员会的指导意见》,文件中清晰地指出了建立家委会的重要意义。

怎样才能建立共同合作、尽心务实的家委会呢?刚刚开学,家长和老师间彼此不熟悉,家长们对于我是一个怎样的老师都在观望中。我应该怎么做呢?这些问题一直萦绕在我的脑海里。

9月是班主任最忙碌的一个月。首先,要让学生熟悉班级日常运作的规则,教会他们遵守校园礼仪;其次,要不断和家长联系,告知家长日常注意事项,放学后把孩子们在校园生活的照片和视频发在群内;最后,还时不时地约谈班级里几个有些特殊行为的学生家长,有的孩子的问题是教养不当,有的孩子的问题可能确实是生理原因……

在点滴陪伴和要求下,一个月后,孩子们渐渐适应了学校生活,家长们也逐渐熟悉了一些常规事务。更让我感到意外的是,我从家长的眼神中,感受到了他们的信任。在那个当下,我想可以发起家委会倡议书了。我相信:一个有着专业知识和勤勉态度的班主任是组建一个优秀家委会队伍的前提和基石。

二、倡议+问卷——诚意邀请

金秋十月,即将迎来本学期第二次家长会,根据学校的要求,每班需要设置家委会主任。我想成立家委会的时机来了。

会前,我在班级群里设计了一份问卷。

亲爱的家长们:

家委会是家长和学校沟通的桥梁,为了便于家长间的信息共享和沟通,根据学校德育处的要求,我班将要建立家委会。

这份调查表将有助于我们共同了解大家对家委会的期待和要求,感谢您在百忙中抽出时间完成问卷!

1. 您对成立家委会的态度是:

    A. 非常支持　　　　B. 比较支持

    C. 一般支持　　　　D. 不赞同

2. 如果通过家委会组织孩子参加课外亲子活动或者公益活动,您同意吗?

    A. 同意　　B. 不同意　　C. 根据情况选择参加

3. 您觉得班级家委会多久组织一次活动合适?

    A. 每学期一次　　　B. 每月一次

    C. 看情况　　　　　D. 不需要组织活动

4. 如果家委会组织活动,您希望是哪方面的活动?

    A. 家庭教育心得交流

    B. 开展提高生活技能的活动

    C. 开展培养品质的活动(如爬山、徒步等)

    D. 参观活动

    E. 公益活动

    F. 其他_____

5. 您希望活动费用的支出方式是:

    A. AA制　　　　　　B. 固定时间内缴纳固定的班费

6. 您可以接受的一次活动的费用为多少?

  A. 50~100   B. 100~200

  C. 200~300   D. 无所谓

  F. 不愿意有费用上的支出

7. 您觉得家委会需要安排哪些岗位?

  A. 负责人:协调和组织一切家委会活动

  B. 组织员:活动策划、活动反馈及改进措施

  C. 宣传员:活动后的文案和每次活动的照片收集

  D. 财务员:每次活动的费用收支,要求务必公开、透明

  E. 其他:_____

8. 家委会在组织班级活动时秉承少数服从多数的原则,请问您是否认同这个原则?

  A. 认同   B. 不认同

9. 您是否有可供孩子实践的资源?

  A. 有   B. 没有

10. 您可供分享的教育资源是什么?

_____

11. 您对家委会的组建有什么其他的建议吗?

_____

  调查问卷发出后的一天内,就全部收齐了。

  从问卷中,我了解到班级家长大多数是赞同成立家委会的,并且他们都愿意遵守少数服从多数的活动原则。有的家长还提出了希望设立后勤员,可以负责一些活动中的采买工作,如活动中统一采购、发放水和食品,给大家提供更多的便利;有的家长希望增加教育委员,可以相互交流教育方法,分享教育资源;也有的家长在最后的建议中询问自己学历不高,但还是想要参加家委会,不知可不可以? 看着家长们如此坦诚地表达自己的意愿,我感受到了家长们那份信任和对家委会工作的大力支持。

  家长会马上就要召开了。在此之前,我在班级群里发布了倡议书。倡

议书中我呈现了这次调查表的各项结果和根据家长们的提议修改的家委会成员职务安排及其职责,介绍了以往家委会成员所参与班级和学校工作,取得家校合作良好效果的范例。例如,学校食堂的参观活动,让家长对孩子在校的餐饮情况有更多的了解;学校校舍翻新后,家委会参与新校舍验收工作;班级家委会组织的家长线上读书会打卡活动,等等。

为了消除一些家长的顾虑,同时我也不想让竞聘会变成炫耀的平台,我告诉家长们:要成为家委会的一员,需要考量的不是身份、财富、学历、权力,而是理念、品行、学识和意愿。希望这样能让更多有心于教育、有想法、有能力、有时间的爸爸妈妈们积极参与这次家委会的竞聘活动。

三、公选——激烈角逐

家长会之前,就陆陆续续有家长私信我报名了。我从教育理念、所从事的职业、对家委会活动愿景几方面对报名的家长进行了了解。

小李爸爸是在政府部门工作的。自从有了小李,这位爸爸就开始关注育儿知识了。他自学了一些心理学课程,也参加了一些相应的工作坊。在了解儿童身心发展规律的基础上,学着和孩子定细则,学着和孩子做沟通。他觉得教养孩子的同时,自己也有了不少新的看待事物的视角。孩子在长大,他也在成长。他希望家委会除了能够促进家校沟通,他还希望能够组织一些家庭教育的沙龙,和家长们一起共同成长。

小陆妈妈是一位全职妈妈,她觉得孩子长大以后是要实实在在生活的,所以她很重视孩子的家务劳动。她建议家委会可以分批组织一些家庭聚餐,每家带自家的特色食物,通过食物增进了解的同时,让孩子们帮忙布置和收拾,给予孩子锻炼的机会。等到孩子到了高年级的时候,她还可以组织孩子们一起做食物。这个过程既是大家在一起学习生活技能的过程,也是体验生活兴趣的机会。

小姜爸爸是在物流公司工作的,他觉得相比学业成绩,更重要的任务是呵护孩子的学习兴趣,让孩子能对学习和生活都有一份好奇和兴趣,能感受到歌曲的好听,能体会到绘画的美,能体验到学习的成就感,从而产生自我效能感。同时,在此过程中还要培养良好的学习和生活习惯。他也想加入家委会,利用这样的平台,多多了解学校、学生和家长,并在各种活动中,相互学习。

小王妈妈是幼儿园的工作人员,她觉得孩子在校阶段的学业成绩还是重要的,她觉得可以组织一些让孩子彼此了解课外学习情况的活动,这样可以减轻家庭说教的负担。

小林爸爸是一位舞台设计师,他认为孩子的性情非常重要。他们在学校不仅学习知识,而且更要学习如何与人相处。例如,在有委屈的时候,如何真诚地表达自己的想法;在和同学有矛盾的时候,如何能站在别人的角度思考问题;在合作的时候,如何担负自己的职责,等等。他希望可以在组织活动的过程中,更多地了解孩子们互动的方式。

小陈妈妈和小曾妈妈都是普通职员,平时工作不是很忙。小陈妈妈觉得幸福的家庭是孩子健康成长的必备条件。小曾妈妈觉得孩子成长的环境要相对稳定。关于活动,她们没有什么想法,也没有经验,但是都想借由这个平台为学校和班级出一份力。

还有几位家长我也都一一进行了排摸,还把每位家长的大概情况做成了精美的PPT,等待着家长会的到来。

家长会当天,在学校内容结束后,家委会的竞聘活动正式开始了。

每位家长手里都有一张选票,上面有参选的七位家长的姓名,需要选出五位,成为家委会的委员。

家长们依次上台做竞聘陈述,全班的家长们看着PPT,听着家长们在讲台上娓娓道来,他们时而严肃,时而微笑,时而皱眉,时而点头。最后每位家长都投出了自己珍贵的一票。

四、任职——隆重的仪式

当场我们立即唱票。唱票时,我播放着学生们开学这段时间校园生活的合辑,一张张图片是回忆,更是老师注入家长们心头的暖意。

在这时,我们也选出了其中得票数最多的五位家长。对于两位落选的家长,我觉得无论如何需要表达我的谢意,感谢他们的热情参与。所以,我为他们各准备了一份小礼物:一张由全班同学签名的感谢卡和一份小礼品。

两位家长非常意外,起身对全班家长和我表达了最真挚的感谢。我用自己的周到和真诚,让这份暖意在老师和家长之间流动。

就在我表达感谢之时,我提前已让班中一位家长帮忙填写好了聘书。在欢乐而有力的《拉德斯基进行曲》中,在全班家长有节奏的掌声中,五位家长陆续上台接受聘书和祝贺。我双手捧着红底烫金字的聘书,郑重交给每一位台上的家长。家长们挨个双手接过,我们真诚地相互握手、道谢。

接着,小李爸爸代表五位当选的家委会成员做了即兴发言:"没有想到老师准备得如此周到而隆重。学校的讲台对我来说已经是很久远的事情了。今天真的很高兴能站在这里代表五位家委会成员表达一下我们的激动心情。感谢大家的信任,在竞选的过程中,也感受到我们班家长对教育孩子都是很用心的,我们定当竭尽全力,表达大家的心声,配合老师,合力形成良好的家校互动。谢谢大家!"最后,大家在"祝贺家委会正式成立"的背景前,"咔嚓"留下了美好的回忆。

家委会就这样在大家的掌声中,带着全班家长的认可和期待,成立了。

见微知著

组建家委会是实现家班共育的重要途径之一。组建形式很多,但核心路径可参考如下步骤:

首先,通过问卷等形式,排摸班级家长资源,了解家长对家委会的期待等。

其次,通过倡议书和选举等方式组建家委会,过程力求公平、公开、公正。

最后,通过隆重的就职仪式,激发家委会成员的光荣感和参与热情,为后续家委会工作的开展奠定基础。

2 博采众长,各尽其责

——家委会组织结构

一、建立组织

在家长会上,小李爸爸、小姜爸爸、小林爸爸、小王妈妈、小陆妈妈被选为班级的家委会成员。家长会结束后,五位家委会成员留下召开第一次班级家委会会议。

"建立家长委员会,对于发挥家长作用,促进家校合作,优化育人环境,具有重要意义。"我开口道,"感谢大家愿意为我们班孩子的成长付出,后面的工作要辛苦大家了。"

"考虑到班级家委会的操作需要,今天第一次家委会会议,我们需要建立起我们班级家委会的组织,具体地说,就是五位家委会成员分别担任家委会的什么职务。"我接着说道,"现在你们不仅是你们自己孩子的家长,更是我们班级家长的代表。一方面你们需要向学校传递家长们的心声,另一方面也希望你们支持和配合我们班级工作。我们共同的目标是为孩子们的成长创造更好的条件。"

五位家长都认同地点了点头。根据以前的经验,我向五位家委会成员介绍了班级家委会必须的几个职务:组织委员、宣传委员、财务委员。然后,由五位家长根据自己的时间和条件来选择适合自己的一项职务。

在政府部门工作的小李爸爸第一个开口:"我在单位的工作就是'沟通',我也很愿意和大家沟通。刚刚班主任老师介绍的组织委员需要与学校、老师和其他家长沟通,我想我会比较适合这个职位。"

小林爸爸接着说:"那我就申请宣传委员吧,我的工作是舞台的设计,算有

三 创意组织家委会

一点点艺术细胞,宣传工作就我负责吧。"我们都被小林爸爸的幽默逗乐了。

还缺一个财务委员,大家都是你看看我,我看看你,都不肯发话。大家知道财务不是件省心的事,不仅记账算账麻烦,而且更讨厌的是一些班级物品的采购等问题可能会引起家长们的误会,导致吃力了反而不讨好。

在边上做会议记录的我正想着怎么来缓解一下冷场时,小陆妈妈先开了口:"我是一个全职妈妈,相比你们各位而言,我可自由支配的时间更多。我来当这个财务委员吧。但是我有个建议,我只负责班级财务的收支记账及管理班费。为了避免引起不必要的麻烦,我建议我不负责采购物品。另外,每次使用班费,我会在家长群里公示清晰的收支账目。"

小陆妈妈说完,看向了我。我向她点了点头,说道:"小陆妈妈的建议很好,的确有时在班费的使用上会出现各类问题。班费的管理和使用分两位家长比较好。其他几位家长的意见呢?"

大家都赞同地点了点头,小姜爸爸说道:"那采购的任务我来吧,我可以跑腿的,你们告诉我在哪里买就可以了。"

"现在都网上购物,不需要你跑腿了。"小陆妈妈笑着说,"我想有些活动场地的联系等,可能需要你跑腿的。"

小姜爸爸说:"那网上购物就更方便了。你们确定哪个店铺,我来负责购物。最后到你这里入账。需要我跑腿的,尽管和我说。"

"小姜爸爸,那你就是负责执行工作的执行委员吧。"我说完,其他四位家长都纷纷表示赞同。

最后剩下小王妈妈的安排了,我看向她说道:"小王妈妈,你前面在家长会的自我介绍中提出可以组织一些让孩子彼此了解课外学习情况的活动,你也是位老师,我觉得你就担任我们的教育委员吧?负责班级各类课外活动的组织。"小王妈妈点头表示同意。

所有职务都确定后,最后大家推选小李爸爸担任家委会主任,统筹家委会各类工作。

大家鼓掌一致通过后,小李爸爸提出一个建议:"家委会组建时,很多家长都积极要求参加家委会。大家都愿意为我们班级尽自己的一份力。我认为班级的各类活动离不开班级中每位家长的支持和参与。我希望其他家长也可以加入到家委会的工作中,我们五个人负责的职务可设为五个部门,我们作为每个部的部长统筹工作,其他家长加入后作为每个部门的干事协助工作。一方面可以发挥大家的积极性,另一方面也是监督我们的工作。"

听了小李爸爸的建议后,我想到了之前家委会选举落选的几位家长。他们都是非常积极的家长,也非常愿意参与家委会的活动。小李爸爸的建议既能不挫伤这些愿意为班级出谋划策的家长积极性,更能发挥他们的力量。其他四位家长也一致赞同这一建议。

之后,我们就开始了家委会规章制度的制订、修改和完善,结合学校德育处的学期计划,制订班级家委会的学期工作计划。

二、博采众长

当晚,我把五位家委会委员的工作安排公布在班级家长群里。

经过家委会的协商后,决定:

小李爸爸担任家委会组织部部长;小林爸爸担任家委会宣传部部长;小王妈妈担任家委会教育部部长;小陆妈妈担任家委会财务部部长;小姜爸爸担任家委会执行部部长。

小李爸爸也在家长群中提出建议:希望每位家长根据自己的时间和条件担任家委会的某一个部门的干事。他还详细介绍了每个部门的工作和任务:

班级家委会部门	任　　务
组织部	各类活动的牵头、策划、组织工作,负责家委会与学校、老师以及其他家长之间的沟通协调工作
宣传部	动员家长支持学校班级的工作,负责班级的宣传工作
教育部	学生各类学习资料的收集整理,组织各类课外活动
财务部	班级经费的筹集和管理,定时公开各类账目
执行部	负责后勤保障工作,如采购物品等

最后小李爸爸在家长群中发布了一份共享文档,让大家在共享文档中填写自己希望参加的家委会部门。

一开始,我有点担心愿意参加的家长不多。没想到第二天大部分家长都填了表格,纷纷要求加入家委会的各个部门担任干事。

一位家长在家长群里说:"本来以为家委会和我无缘,这次让我们每位家长都参与,让我感受到自己和家委会紧密相连了,突然有了归属感。"

还有一位家长说:"我之前是不愿意参加家委会的,怕事情太多,我平时有空的时间不多。但是这次只是让我加入,不强求我每次都要参与。只要有空,我很愿意尽自己的一份力。"

"小李爸爸,我们家爸爸妈妈都可以报名吗?有任务时我们谁方便谁参加。"一位家长在家长群中问小李爸爸。

小李爸爸马上回复到:"当然可以,我们欢迎大家一起参与家委会的工作。"

……

三、细化工作

"老师,今天我过来接张浩,你和他说一下。谢谢!"

"老师,学校有两个校门,你和王鹏说一下我在南校门接他。对了,他分不清东南西北,你给他指一下,谢谢!"……

周末的放学时间比平时要早。还没到放学时间,家长群里已经显示了家长各种不同"要求"。我把家长的嘱托告知学生后,总算可以放学了。

等我班学生走完了,整个走廊静悄悄的。原来,叮嘱他们就耗费了不少时间,我们班是全年级最后放学的。我和往常一样回到办公室拿起手机,看看手机微信里有什么其他的通知。

家长群中小戴妈妈的一条消息引起了我的注意:

"各位家长,今天看到很多家长在麻烦班主任通知孩子接送的事情。我有了个新的想法,想和大家沟通一下。很多家庭都是双职工,平时工作繁忙,难免会忘记嘱咐孩子一些重要的事情。我是一个全职妈妈,我的任务就是照顾孩子,我的工作就是管理好孩子。同时,我也是班级家委会组织部的成员,主要负责的是家校沟通的工作,我希望能尽自己的一份力。我平时会把每天需要嘱咐孩子的事情记在手机的代办事项里,我想每天在群里发一下我的备忘录,可以帮忙提醒一下其他家长。不知道是否会打扰大家?"

"太好了!谢谢小戴妈妈!我总是稀里糊涂会忘事情。"

"谢谢!谢谢!"

……

一大串的感谢词。小戴妈妈能够承担起家委会相应部门的职责,也让我相当欣喜。

同样是周末,有些家长未雨绸缪,提前做好计划准备,都嘱咐好孩子了;有些家长可能是工作繁忙,没考虑周全。如果让那些考虑周全的家长能帮助提醒其他家长就不会像今天这样,需要再一个个嘱咐学生,效率会高很多。我也非常感激小戴妈妈。

9月11日傍晚小戴妈妈发的备忘:

明天需要交餐费260元现金,请为孩子准备好。

9月12日傍晚小戴妈妈发的备忘:

明天有美术课,请提醒孩子带好国画用品。还有明天傍晚会下雨,提醒孩子带好伞。

……

看到小戴妈妈的一条条嘱咐,作为班主任的我非常感动:"谢谢你,小戴妈妈!帮家长减少了很多后顾之忧,也帮我减少了很多工作量。"

"老师,你客气了。我是班级家委会的组织部的干事,应该为大家做点事,举手之劳,其实我只是比以前多做了一个转发的工作。方便的,没关系的。"

我很高兴,家委会已经开始工作了……

又是一个忙碌的周一,张同学的妈妈在家长群中提出了求助:"老师,英语听力资料里用的是光盘,现在家里电脑都没有光驱了,能不能帮忙问问英语老师有没有MP3格式的?"

三 创意组织家委会

我正准备询问英语老师时,一条消息跳了出来:"我已经转成 MP3 格式了,给大家共享。"紧接着一条消息就是家委会教育部长小王妈妈上传的听力资料了。还没等我给她点赞,一大群家长的点赞已经全上线了。

"不用谢,方便的。我是家委会教育部的,负责孩子的教育工作,大家有什么需要的可以找我。大家不要再发'谢谢'了,不然刷屏了后面的家长找起来麻烦。谢谢!我把本年级的其他听力资料等都下载好了,我建了个网盘共享给大家,需要的可以去下载,省得大家一个个去找了。"小王妈妈回复说。

我想了想以前,家长在群里询问,我都要去问任课老师要来,等任课老师回复后再转发给家长。耗时耗力,哪有现在那么快。家委会比我预想做得更好。

一个周六的一早,我就收到家委会教育部长小王妈妈的微信:

"老师,我刚得知我们学校以后会开设游泳课,是吗?"

"对的,到高年级后,体育老师会带他们去游泳馆学游泳。"

"我家的小王同学手脚不是很协调,我怕她跟班级一起学会有点累的,我想先给她报个班学起来。"

"可以考虑的,现在中考体育的选考项目有一项就是游泳,学熟练点挺好的。"

"对的,这也是一门必须的生存技能。"

我正在感叹小王妈妈明锐的洞察力,微信的消息提示音又响了起来。这次是家委会的工作群,发消息的是小王妈妈,她正在和其他四位部长介绍她的"学游泳"计划。

"小王妈妈,你都在考虑高年级的事情了啊?"小姜爸爸说。

"高年级学习任务更重了。我不想让孩子因为还要额外练习游泳而耽误学习的。我家孩子手脚协调能力不好,肯定学起来累。"小王妈妈回复道。

"未雨绸缪!考虑周全!点赞!"小姜爸爸回复说。

"其实今天和大家说这事,想征求一下大家的意见。我想在家长群里发起团购'游泳课'。现在外面学习游泳有一对一、一对二的。一方面我们组团团购课程的话,价钱便宜点,另一方面如果是同班同学一起学的话也不陌生,这对像我家女儿这样内向的孩子来说比较适合。"小王妈妈开始说出了她的本意。

小李爸爸回复说:"你说得有道理,认识的孩子一起学,孩子比较喜欢。你可以在群里发动一下,看看有没有家长能一起团购的。"

"我家游泳在幼儿园时就学会了,估计有的孩子也和我们一样。我建议你的团购项目还可以涉及篮球班、羽毛球班。我就想给孩子报名学篮球,但是一直没机会。"小陆妈妈回复了一条消息。

"谢谢你的建议!我再去了解一下情况。"小王妈妈说。

没过几天,小王妈妈联系了我,和我商量家委会准备组织有关团购课程的项目,我也表示支持她的项目,并和她沟通了一些有关家长群中组织项目的注意事项。

一周后……

今天我们班的家长群竟然有200条消息?发生什么事情了?

我急忙打开群聊,满眼都是"游泳""篮球""羽毛球""排球"……原来教育部长是正式开工团购了啊。

我慢慢滑动着聊天界面:

各位家长,我是教育部的部长小王同学的妈妈。今天,我想发起一项课外运动项目培训的团购活动。运动锻炼不仅是身体和大脑的锻炼,也是意志的锻炼。适当的运动对小孩的人际关系发展有着很大的作用,在运动锻炼过程中可培养与人合作的习惯,学会遵守规则。

还有一个比较功利化的原因是现在中考体育是算分数的,我们不希望孩子由于平时缺少运动,而在中考体育上失利。(在这段话的后面,她还附上了中考体育统一考试的项目。)

想到这个团课活动起因是我刚得知我们学校高年级有游泳课程。

和大家一起团课的目的是:

1. 孩子们都互相认识,他们也喜欢一起学习;

2. 我们都住在离学校差不多远的地方,团课的地点也可以就近,接送方便;

3. 我们家长都互相认识,联系起来方便。

之前我和一部分家长也私下沟通过,也有家长有类似的想法,有家长建议可以团购篮球、羽毛球一类的课程。

这里必须声明:团课是自愿参与的,不是必须参与的。今天只是想了解一下大家的想法,有兴趣的可以报名。具体价格、培训地点等我们确定人数后,我们一起商量决定。

接在后面的聊天记录有些是积极支持小王妈妈的,有些是讨论学什么体育项目的,有些是感叹中考体育的⋯⋯

最后,小王妈妈发了一份在线自愿报名表并嘱咐大家一定要和孩子商量一下自己的兴趣爱好。

要团购游泳课、篮球课、羽毛球课⋯⋯小王妈妈独自揽下这活可不轻松啊!这是家委会第一次组织团购项目,我要了解一下情况。

我马上联系小王妈妈了解情况:"小王妈妈,辛苦你了。要团购那么多课程,你之前都已经联系好了吗?"

"不是我,是我们。是我们教育部的所有干事们一起做了些前期了解。我在我们家委会教育部中提出这个建议后,很多家长都很感兴趣。我们分头都去了解了一下各类课程的情况,有线下团购的,有线上团购的。我一个人肯定完不成的,人多力量大啊!"

"那就好,我就怕你一个人来组织这个活动就忙不过来了。"我松了一口气说。

"我一个人怎么行呢?多亏我们教育部人多。前几天,我在家委会教育部群里请大家帮忙后,大家多方打听,得到了不少信息。我们正在汇总呢,今天想看看全班家长的意见。"小王妈妈开心地回答我。

"我看家长群里很热闹,大家都很感兴趣。"我回复道。

"嗯,希望这次家委会组织活动成功吧。"小王妈妈又发了个笑脸回复到。

第二天中午,我课间走进教室时,听到同学们都在热烈地讨论着。

"我在读幼儿园时就学会游泳了,当时学了自由泳,妈妈说这次让我学一下蛙泳。"

"我没学过游泳,妈妈说可以考虑学一下。但是爸爸很赞成我学篮球。"

……

原来学生们也很感兴趣,看来这次家委会组织的活动找到了大家的兴趣点。

三天后的家长群中,家委会的教育部根据统计的结果,决定组织游泳、篮球、羽毛球三类课程的团购活动。小王妈妈根据她所得到的信息,列出了每类课程可选的团购活动详情,有些是线下的团购,有些是线上的团购,连价格都标注上了。资料的详尽足以看出家委会教育部家长们的用心。

大家可以选择自己中意的团购项目,自己结伴,自己联系团购。如果参加的人多,家委会教育部愿意为大家统一团购。

由于选择篮球和羽毛球课程的人较少,家长根据家委会提供的信息选择自己组团自己团购。报名游泳课程的人数有近20人,这些家长也希望家委会小王妈妈组织这项团购活动。

"本周六,我想邀请几位报名游泳课程团购的家长一起去考察一下几个游泳课程的情况。一来考察附近游泳馆,二来与课程负责方商谈价格等细节。想一起去的家长请和我私聊。"

小王妈妈在家长群的留言说明团购项目进入了正式议程。

效率极高的家委会教育部在考察当晚就在家长群中发布了他们的评估报告,最后由报名参与课程的家长决定团购哪一个游泳课程。

一直很担心团购项目出现矛盾的我总算放下了心。为家委会家长们工作的公开、公平、公正点赞,更为家委会家长们的付出点赞。

"老师,我想给孩子团购游泳课的,可是我们父母一周隔一周的周末都要上班没时间接送孩子。你能帮我私下问问其他家长,有没有哪家家长愿意和我家轮流一起接送孩子的啊?"小李妈妈给我发来了消息。

我在家长群游泳课程的报名表格里看了看,我该问谁呢?一个一个问的话,就不能算私下了。我想到了组织者小王妈妈,或许有其他家长也找过她解决类似的问题。

"小王妈妈,我想问一下你们的团购课有考虑过学生的接送吗?"我给小王妈妈发去了一条消息。

过了一会儿，小王妈妈就回复我："我没考虑到，但是家委会执行部的小姜爸爸想到了，他正在计划这件事呢。不愧是物流公司工作的，他想到了这一点，职业敏感。"

小姜爸爸很快在群中发起了"拼车接送"，这样不仅解决了部分没法接送孩子的家庭的困难，而且还能借此机会倡导绿色出行。

家委会宣传部的家长也不甘示弱，也准备策划一篇"体育课外活动"的文案，争取开始班级第一期班级公众号的运营了。

家委会成员带动了所有家长关注孩子的学习生活，有的家长在被动参与中慢慢转变到主动的参与过程中，感受到了一种培养孩子的积极共情，家长们的参与度也日益高涨。

小李同学的妈妈和我私聊说："平时不怎么关心孩子的学习，认为把孩子送学校了，就全部做好了。看到其他家长做得非常好，真的自愧不如。我需要做的还有很多。"

同时，也有部分家长看到大家都那么努力，心里有点焦虑。我也根据我所了解的家长的情况，和家委会沟通，建议开展线上或线下的家长经验交流会，希望能够达到平衡的效果。

在实践和操作中，家委会各个部门明确了自己的各项职责，细化了各个部门的任务和责任，更好地完成了自己的工作。

在一段时间的操作实践后，家委会列出了各部门的任务细则：

班级家委会部门	任 务
组织部	各类活动的牵头策划组织工作，负责家委会与学校、老师以及其他家长之间的沟通协调工作 细则： 1. 接受家长的投诉 2. 负责向学校和老师反映问题 3. 协调学校、老师、家长之间的关系 4. 协调家长之间的矛盾 5. 组织策划各类活动 6. 组织评选优秀家长、优秀活动积极分子 7. 负责家委会工作的计划、总结

（续表）

班级家委会部门	任务
宣传部	动员家长支持学校班级的工作，负责班级的宣传工作 细则： 1. 收集整理家长通讯录、所在小区 2. 定期更新班级公众号 3. 协助美化班级的环境 4. 协助班级的文化建设 5. 撰写班级活动的主持稿，负责主持人的培训
教育部	学生各类学习资料的收集整理，组织家长开展经验交流活动 细则： 1. 组织各类家校活动 2. 团购组织各类课外兴趣班 3. 各类教育资源的分享 4. 各类课外教育活动的组织 5. 组织家长经验交流活动
财务部	班级经费的筹集和管理，定时公开各类账目 细则： 1. 负责班费的收缴和管理 2. 负责各类费用的预算工作 3. 负责班费的收支明细公示 4. 监督物品采购的规范
执行部	负责后勤保障工作，如采购物品等 细则： 1. 活动场地的预约布置 2. 活动经费的预算收缴 3. 活动车辆的安排 4. 负责物品采购（保存网购记录）

家长们参加家委会工作的积极、认真和负责，孩子们都看在了眼里，记在了心里。我们作为老师，看到认真负责的家长们，更是深受鼓舞。在班级的各项活动中，学生们也更愿意为大家服务，也懂得了责任的重要性。在老师和家长的交流中，老师们也更愿意和家长交流合作，为学生们的成长尽自己的最大努力。

见微知著

根据家长的优势进行班级家委会的分工设置,能够最大化地挖掘家长资源。每位家长都参与到家委会中,成为成员之一,一方面家长有归属感,另一方面管理呈现透明化。当所有家长以共同发展为理念时,在活动过程中就能参与、愿参与、乐参与,心往一处想,劲往一处使,用班级的群体影响带动孩子的个体成长,形成良性的螺旋式提升。

3　一起来支招

——家委会共同策划活动

一、齐商讨，达共识

学校近期组织了以年级组为单位的职业体验活动，学生的后续反馈都特别好。于是，我萌生了在自己班级也进行职业体验活动的想法。但我的资源有限，身边也没有能够提供体验的场所和渠道，怎么办呢？

我突然想到：每月最后一周周五的晚上八点，是我和家委会固定开会的时间，不如这次就和家委会的家长们商讨这个话题，听听他们的想法。

周五会议很快就到了，微信群在线语音通话准时开启。班级家委会共有五位家长，分别是家委会主任小李妈妈、组织部长小宋妈妈、宣传部长小杨爸爸、后勤部长小张爸爸和财务部长小黄妈妈，平日事务基本五人共同负责商讨，但具体分工又各有侧重。

微信群的屏幕跳转进入语音通话的界面，家长们都已到位。

在沟通了一些常规工作和情况后，我说："各位家长，今天还有一件事想听听大家的意见。上个月，我们班级的学生都参与了职业体验，孩子们参与时特别兴奋，回来一路上也一直问什么时候还能再去。你们的孩子回家后和你们提过吗？"

家委会主任小李妈妈说："说啦！我女儿那天学的是包饺子，回来就催着我买饺子皮，周末就和我一起亲手包了饺子吃。让我很欣慰的是女儿说：'妈妈，以前只是吃着你包的饺子，我没有特别的感受。自己参与了才发觉不容易，妈妈辛苦了。'那时感觉孩子懂事了。"

家委会后勤部长小张爸爸说："那天班里分了五组，我儿子学的是炒土豆丝。他回来倒是没炒给我们吃,但在一次逛超市时,孩子妈妈正好要买刨丝的工具,孩子比较了几款后告诉妈妈哪款更好用。他妈妈很惊讶孩子居然懂这个,儿子说学校活动时跟老师学的。我就觉得这活动挺不错。"

听到家长们对职业体验活动相当认可,我就开口提议道:"这样的活动真的很棒,能够让学生在具体切实的体验中获得成长。孩子们都希望频率能更高一些,但学校的职业体验活动一学年也就一次。如果我们能够自己组织社会体验活动的话,就能满足孩子们的需求,帮助他们成长。大家意向如何?"

家委会主任小李妈妈先开口道:"老师,我赞成。这种类似的活动对孩子的成长有帮助,如果班级能够搞点这样的活动,对孩子肯定收获很大。"

家委会组织部长小宋妈妈问:"那怎么组织?去哪里体验呢?"

我说:"这就是我现在在思考的问题。我这里并没有社会体验的渠道,所以我想问问各位家长这里有没有?"

家委会宣传部长小杨爸爸说:"老师,你觉得什么样的体验会更利于孩子的成长?"

我回答说:"我觉得体验什么都可以,我们要做的是以保障孩子的安全为前提去进行各种职业体验。现在的问题是,要有家长愿意提供资源,或者开放职业体验的场所。我们在保证孩子安全和尽可能不打扰家长工作的情况下,进行活动。每次活动前,我也会和大家商讨整个方案,争取让活动能够真正地让孩子的认知或道德有所提升。家委会的五位家长,你们这儿有资源吗?"

大家都表示没有尝试过,有点犯难。

家委会主任小李妈妈提议说:"这样吧,我们商量下,给全班家长做份问卷,一来告知大家我们有这个想法,二来看看有没有可以提供相关资源的家长,大家看呢?"

家委会财务部长小黄妈妈说:"对,人多力量大,先问问看全班家长这儿的资源,兴许是有的。"

我也表示认可说:"这件事我们先达成了共识,对孩子是有利的我们就去做。接下来一起加油。"

会议在大家的赞同声中结束。

二、发问卷，明分工

第二天，家委会主任小李妈妈把拟好的问卷发到家委会群里大家商讨，经过大家的修改后，最终稿发布在了家长群。内容如下：

各位家长：

大家好！

上个月的职业体验，不少孩子都反馈获益匪浅，这让我们看到了体验活动带给孩子的成长。学校的安排为每学年一次，下一次要一年后了，时间略长。我们家委会和班主任商讨后，希望在自己班级也进行一些课外体验活动。现在想了解一下全班家长对此的意见：

1. 您是否同意班级进行课外体验活动？
   A. 非常同意　　　　　　B. 同意
   C. 一般　　　　　　　　D. 反对，原因是_____
2. 您比较希望有什么样的体验活动？（可多选）
   A. 职业体验　　　　　　B. 社会公益活动
   C. 生活技能体验　　　　D. 场馆考察体验
   E. 其他，请填写_____
3. 如果后续有体验活动，在时间允许、孩子想参加的情况下，您会同意孩子参加吗？
   A. 同意　　B. 不同意　　C. 视情况而定
4. 您（或您的家人、朋友）是否能够提供相关体验资源和渠道？
   A. 有，我能提供的资源是_____　　B. 目前没有
   C. 可能有，我去问问
5. 对班级体验活动，您有什么样的期待或建议？
   _____

很快，班级的家长问卷就收齐了，家委会主任小李妈妈在家委会群里沟

通了问卷结果。结果显示：

  同意度分布：非常同意84.2%，同意15.8%，其余0%。
  体验活动类型分布：职业体验52.6%，社会公益活动63.2%，生活技能体验42.1%，场馆考察体验36.8%，其他0%。
  孩子参加的同意度：同意89.5%，不同意0%，视情况而定10.5%。
  家长能够提供的资源：能够提供的是15.8%，分别是休息日带孩子们参观医院；公益活动（认识公益组织，能安排参与）；参观话剧社排练。目前没有73.7%，可能有10.5%。
  对班级体验活动的期待和建议：
  要让活动真正有意义；每次建议家长和班主任跟着，不能让孩子单独前往；多拍照，留作纪念；让孩子带着任务去参加活动……

看完后，我先感谢各位家委会成员的付出，随后欣喜地表示："家长的同意度是100%，其中84.2%是非常同意，看来家长们对体验活动还是非常认可的。接下来就是努力去促成这件事。"

随后，我们进行了明确的流程和分工：

1. 家委会主任小李妈妈：负责联系三位家长，商讨具体的活动内容，并把活动简介发在家委会群里，大家商定选择一个活动，后续工作跟进。

2. 宣传部长小杨爸爸：负责对活动进行详细了解，用文字、图片等方式在家长群中进行宣传，为组织工作作铺垫，负责招募活动当天的拍照人员。

3. 组织部长小宋妈妈：负责统计活动人数，发布在家长群中，进行人员统计和组织。

4. 后勤部长小张爸爸：负责活动当天方案的撰写以及各环节负责人的确定，思考保障安全问题。

5. 财务部长小黄妈妈：负责活动当天涉及的物品采集、经费收缴和管理工作。

很快，家委会群里对三个活动进行商讨、投票，确定了第一个活动为小赵妈妈这里提供的公益活动，内容为商场义卖。

三、共策划，定方案

商场义卖的时间为一个月后的周六上午。

又是一个周五的晚上8点，我和家委会的家长们如期在微信群里召开了会议。这次会议的重点就是讨论商场义卖的方案。

宣传部长小杨爸爸说："我对这个义卖活动进行了比较详细的了解，和大家分享一下。小赵妈妈常常参与公益活动，而她熟识的公益组织近期将在A广场进行一次公益义卖活动。届时会有10个摊位一起进行义卖，每个摊位义卖的东西不一样，义卖所得的款项将全部投入专业基金，用于治疗盲童。她和公益组织取得联系，想办法要来了一个摊位，到时候让孩子们去义卖。时间是上午10点到下午4点。这是整个活动的介绍。我已经问小赵妈妈要来了以前义卖的照片，也编辑了一些介绍的文字，准备发布在家长群里，为接下来组织做好准备。"

随后，小杨爸爸在家委会群里分享了他编辑的介绍图片和文字简介。

大家纷纷为小杨爸爸点赞，这份细致、尽职的态度着实令人钦佩。

在大家对图片和文字提出自己的修改意见后，后勤部长小张爸爸开口了："那天整个流程就是义卖吗？我马上起草活动方案，也希望大家提点意见，怎么让活动变得更有意义。"

我想了想，说："我觉得孩子们如果毫无准备地去参加，可能有的孩子是当好玩才来的，教育意义不大。这次的公益活动最终是把钱款捐给盲童，如果我们提前在班级里做好充足的准备，如召开班会，让大家了解这次帮助的对象，我们为什么要帮助他们，可能对孩子们会更有触动，参加时的目的也会有所不同。"

家委会主任小李妈妈说："的确，我赞同，要有铺垫过程的。小赵妈妈这里不知道能否从公益组织那里要点资料来，我们可以给孩子们看。"

后勤部长小张爸爸提议："我擅长电脑，我也可以去网上搜索点视频和介绍，到时候作为资源储备。"

我说："重要的是激发孩子们内心的善意，内心对他人的关爱，所以素材选择上到时候我们再一起把把关。"

家委会主任小李妈妈说:"老师,我觉得事后也一定要第一时间让参加的孩子在班级里分享这些经历和感触,这样可以让没去的孩子也得到教育。"

大家纷纷表示赞同,我欣喜地回答:"非常好!我们活动的意义是为了孩子的成长,能参与的孩子毕竟有限,但感受是可以交流的,孩子们可以在彼此交流中获得道德感的提升!大家还有什么提议,可以让活动更有意义呢?"

财务部长小黄妈妈说:"孩子们除了要知道帮助谁,也该知道为什么要帮助他们。盲童是很可怜的,看不见这个世界五彩斑斓的样子。"

我突然灵光一现,说:"我们能不能让孩子们体验一下盲人的感觉?比如开班会时,让学生闭上眼,感受一下看不见的世界?"

组织部长小宋妈妈接话道:"也可以让他们闭上眼,从书桌里摸摸看能不能摸到自己的语文书。"

家委会主任小李妈妈也提议:"也可以让他们蒙着眼走路,看能不能从座位走到班级门口。"

家委会的家长们给出了好多提议和方案,让整个"盲行体验"变得丰富起来,也让我原来狭窄的思维一下子豁然开朗。

我总结说:"活动前的主题班会,就以《黑暗中的光》为主题,让孩子们以刚才大家提到的方式来体验盲童的不易,再介绍这次活动的意义所在,这样孩子们能够有备而来。活动结束后,我再在班里组织参与学生谈过程、感想和体会,争取把教育效果辐射到全班同学。"

大家纷纷认可。这时,后勤部长小张爸爸提出了他的顾虑:"我担心孩子们第一次去商场义卖,会不会因为怯场或者对叫卖不熟悉,导致结果不如意?"

家委会主任小李妈妈说:"的确,他们都是未成年人,要在一个陌生的商场进行义卖,可能他们会有点害羞的。一害羞,还怎么卖东西?"

我提议道:"有没有家长对'营销'有所了解或涉猎的?"

财务部长小黄妈妈说:"我了解一些,我本身对经济学和营销策略稍微知道一些。"

"那太好了！能不能请你提前给参与的孩子简单说说那天可能需要面对的情况和简单策略？"我说。

小黄妈妈笑着说："老师，其实我不仅想提前指导，那天我正好休息，还想现场指导呢，哈哈。"

后勤部长小张爸爸说："那真的太好了，有人引导总归是不一样的。小赵妈妈那里不知道能不能也提供点经验指导。"

"我去了解。需要和小赵妈妈接洽的事情都交给我吧，大家告诉我需要知道什么，以免不同的家长找她，信息不对等，她也会比较麻烦。"家委会主任小李妈妈自告奋勇。

大家纷纷表示同意，接下来是确定当天需要参与的人数、涉及的分工……

渐渐地，一份凝结大家智慧的活动方案诞生了。原本为期一天的公益活动，也变成了前有主题班会和家长经验分享座谈会，后有活动过程分享和感想交流会的两周长时活动。活动也渐渐从简单的体验，变成了富有教育意味的育人活动。

家委会会议那天持续到了晚上10点多，大家才意犹未尽地结束。

后来，家委会主任小李妈妈与小赵妈妈取得联系，获取了很多第一手介绍资料；宣传部长小杨爸爸对资料进行再编辑，在家长群中进行发布，引起了大家的兴趣；组织部长小宋妈妈在介绍的一周后开始招募当天参与的学生和家长，很快报名工作就完成了，小宋妈妈建立了公益活动微信群；后勤部长小张爸爸在公益活动微信群中分享了当天活动的方案，让大家对活动有简单的了解；财务部长小黄妈妈也对当天需要的物资进行了采购；而我，也顺利地在活动前召开了主题班会，学生们体会到了盲人的不易，纷纷表示要好好对待这次公益活动，真真切切地为他们付出一些。

活动当天，一切非常顺利，学生安全地完成了所有任务，在整个过程中特别卖力。一旁的家长和我也担任着保驾护航的"智囊团"工作，负责拍照的家长咔嚓咔嚓在相机里留下了一个个珍贵的瞬间。

那天，太阳从商场顶部的玻璃顶照到义卖摊位聚集的中心广场上，洒到了每个孩子的身上，我清晰地看到了学生们的一张张笑脸，鼻尖微冒的汗

三 创意组织家委会

珠,卖出东西的手舞足蹈,也看到了家长在一边的鼓励,还有那逐渐认可、赞许的眼神。

事后的分享更是精彩至极,获得了班级学生的阵阵掌声。

在活动后的那段时间,我总会想到这一幕,我自己都没想到,班级的第一次课外体验活动能够进行得那么顺利,也真的能够起到对孩子们的教育意义。

这是怎么做到的呢?

我想,是家委会和班主任形成了合力,我们共同的智慧的结晶吧。

见微知著

> 美国教育家简·尼尔森曾在《正面管教》一书中提到,家长对孩子的管教需要"行大于言",我们做了什么比说了什么更重要,孩子一个主要的学习途径就是模仿。我们想让孩子学会的能力和技能,是需要示范和练习的。家长往往很难意识到,很多成年人已经内化的常识、经验、习惯,对于孩子们来说却是从未有过的体验。很多时候孩子们只是不懂,不是故意不做,是因为家长没有"教"的过程。
>
> 班主任的社会资源有限,在家委会的组织下,家长可以提供更为丰富的社会环境,并且在环境中利用家长群体的职业优势教会孩子们怎么做。孩子在跟着家长学习的过程中,也能获得和强化"我能行"的体验,促进他们成长。

四　主题班会不头疼

　　主题班会通常是在课堂上以学生为主体，老师根据班级当下存在的问题或者学生共同关心、感兴趣的问题，通过案例讨论、角色扮演、游戏、经历分享、辩论、情境模拟等形式进行引导，最终达到提高认识、促进良好班风形成等目的。

　　如果班级问题和家长教育理念有关，我们可以怎样利用主题班会这个平台呢？

　　如果解决班级问题需要家长的助力，我们可以怎样设计主题班会？

　　如果是帮助家长解决家庭教育的问题，我们又可以怎么组织呢？

　　邀请家长进课堂时，空间、时间的问题怎么处理？全部家长还是个别家长？对象如何选择？

四　主题班会不头疼

本专题将介绍如何灵活多变地组织主题班会,和家长一起解决班级问题,也为家长的家庭教育助力解惑。

1 月满中秋庆团圆
——家长参与主题班会备课

一、令人头疼的"崇洋媚外"

六月的某个周四午后,我照常走进教室。班长小何站起身,招呼班委们集合,召开每两周一次的班委会。班委们麻利地把最后一排的空桌子挪出来进行拼凑,很快一张长"办公桌"整齐地出现在眼前。大家拿着自己的工作记录本和笔就坐,我也打开我的班主任记录本,准备开会。

在汇报完本周的常规工作后,我询问:"还有什么要交流的内容吗?"

文艺委员小沈举手示意,随后把本子往后翻了两页,我看到她本子上密密麻麻地写着不少内容。她看向其他班委,说:"我一直有一个想法,就是在班里举办节日庆祝活动。"

"什么样的庆祝活动?"体育委员小章疑惑地问。

"每个都不一样啊!你想,不同的节日,不同的活动,多棒!外面的商店都会根据不同的节日进行节日布置,那么我们班级是不是也可以根据不同的节日进行节日活动设计呢?一定很有趣,对不对?我还自己设计了一两个呢!"小沈眉飞色舞地说着,看得出她很兴奋。

看着其他班委都在点头应和着小沈,我开口道:"举办活动可以,但是要明白举办班级节日活动的目的。"

"对!这个我也写了。"小沈低头看着本子,读道,"活动目的一是了解节日的文化;二是营造班级节日氛围,增进彼此的交流和感情。"

"我觉得挺好的。布置的时候大家一起动手,活动也能促进大家的感情。"班长若有所思地说。

我听着，也点着头觉得不错，接着问："每年的大小节日还是很多的，我们要不先挑几个节日试试吧。大家想过什么节？"

"圣诞节！最棒了！"小沈高声回答，她与学习委员小金对视一笑。

"元旦也不错啊！新年第一天。"班长小何说。

"儿童节我们可以一起过吗？班里可以有很多有童趣的装扮。"体育委员小章接着说。

"我其实更想过万圣节。去年我和爸爸妈妈在外面旅游景区过的万圣节，大家都乔装打扮，有趣极了！"生活委员也加入了讨论。

听着大家越来越热烈的讨论，我在本子上陆续写下了"圣诞节""元旦""儿童节""万圣节"……我的眉头微微锁了起来，抬头看着正热火朝天交流着的班委，说："还有别的节日吗？"

"老师，还有啊，比如愚人节可不可以？"小沈调皮地回答。

大家哄笑一片，越发觉得有趣。

"中国的节日呢？"我不甘心，追问道。

"那……要不……中秋节？"小沈有点犹豫地回答，看来这个答案不在她的预设之中。

接着，空气中有短暂的沉默。

"好，就中秋吧，"我把本子合上，对大家说，"其他节日也可以。现在是六月，九月开学正好是中秋，暑假期间我们都想想方案，线上交流吧。如果中秋节的活动搞得好，后面的活动就都有经验了，大家觉得呢？"

大家听到可以搞活动，还是提起了兴趣，跃跃欲试。

会议结束后，我回到办公室。打开我的班主任记事本，上面"崇洋媚外"四个字写在一堆节日旁边，格外刺眼。中国的节日源远流长，每个节日背后都有深厚的文化，也有有趣的传统习俗，看来学生们并不了解。

这次借助中秋活动，定要扭转他们的想法，让他们也感受到中华文化的独特魅力，喜欢上中国人自己的节日！我默默想着，下定决心。

二、家委会助力策划

该怎么策划这次的活动才能更有趣、更有意义呢？对于传统节日活动毫无经验的我一筹莫展。

这时，我脑海中浮现出了"家委会"。上次班里的亲子朗诵活动，家委会的家长代表们出谋划策的样子还历历在目。也许可以问问他们的意见？

正巧临近期末，我与家委会五位家长代表约了一个周三的放学时间，这个时段大家正好都有空，我们打算在班级教室里进行一个短暂的会议。

我向大家提及了上次的班委会以及我的困惑，我看向其他家长，想听听他们的看法。

小曹爸爸有些气愤，先开口道："现在的孩子觉得国外的月亮才是圆的，什么都是国外的好！"

小宋妈妈说："是啊，其实中国的节日也很有意思，只是现在大家工作都忙，有时候过节日就是走个形式。有点怀念小时候过节。"

我点头说："是啊，我也想让学生经历传统节日时，能够去做些什么，留下记忆的印记，让他们能够了解并喜欢上中国的文化，毕竟我们的文化也值得他们骄傲。"

家长们说着自己的想法，也表示赞同，看来达成了共识。

我接着说："现在孩子们同意九月要举办中秋节活动，今天也想问问大家，有没有什么提议？"

"我觉得要搞得有仪式感，让孩子们记住。"小郑妈妈提议道。

"对，小时候过节有仪式感，中秋节的月饼家里都是自己做的，一大早一家子都忙活起来，很快乐。"小宋妈妈笑着说。

"是啊，我们家那里还会有灯会，有花灯的。除了过年元宵，就是中秋的灯好看。我小时候都会吵着买一个拿手里玩。"小杨妈妈比划着拿灯的样子，大家都乐了。

"中秋是庆祝团圆嘛，和家里人一起吃顿饭，赏赏月亮，才是最重要的。"小谭爸爸说着自己的想法。

"怎么搬到班级里呢？"我的笔敲打着本子，有些纠结。

"老师，你看班级其实也是一个大家庭，大家一起吃顿饭，一起庆祝团圆怎么样？"小谭爸爸从中秋主题入手，提着建议。

"在哪儿吃?"我有些犹豫。

"我觉得不太行。在教室吃,谁来烧那么多菜?在外面吃,只有放学,大家都要回家和亲人团聚呢。"小杨妈妈摇摇头说。

大家都点头赞同。

"聚在一起,做月饼呢?这也是中秋习俗。"小宋妈妈提议。

"我觉得做月饼可以。简单,孩子们也可以在体验做月饼的过程中对节日有所感悟。"小曹爸爸说。

"对,做完聚在一起吃,也是团圆。"小谭爸爸依旧重视中秋团圆的主题。

"那我们的思路有了,就是带着孩子们在中秋做月饼,做完再一起吃,庆祝团圆对吧?其实我想在做完月饼后,开一次主题班会,促进孩子们的感悟。"我顺着大家的思路说。

"我觉得每个孩子可以做3只,1只自己留着带回家给我们尝尝,1只自己尝尝,1只送给班级同学交换。最后的环节可以互相交换,再挑选自己有的月饼,尝一个。"小宋妈妈说。

"交换这个提议真好。但如果有孩子人缘好,拿到的比较多,那有的孩子可能送出去1只,没人送他,他只剩2只,会不会不合适?"我有些顾虑,毕竟有的孩子比较内敛,人缘一般。

"到时候肯定有家长带着做月饼,可以让家长多做一点,放在中间备用。大家可以选择送出去自己做的1只,如果最后自己只剩2只月饼,可以去备用区再领一只月饼,这样就能保证每个人至少3只,可以吗?"小杨妈妈提出了自己的想法。

"可以给交换月饼的仪式取名'团圆的祝福'——我把祝福送给你,我最亲爱的朋友。"小郑妈妈说。

大家纷纷点着头,把月饼仪式的细枝末节都纳入了讨论范围。

"那么,谁带学生们做呢?我自己倒真不会做月饼,你们会吗?"我提问。

瞬间,大家都摇起了头。

家委会的五位家长和我都不会做月饼,这可怎么办?

"老师,我回去设计一份问卷,发给所有家长。征询一下有没有职业是厨师,或者会做月饼的,然后看看能不能参与,好吗?"小谭爸爸自告奋勇地说。

我点了点头。

家长们继续出谋划策。

"还可以设置一个竞猜环节,比如'中秋知多少',用游戏的方式穿插中秋的传说和知识。"

"竞猜,奖励备用区的月饼。"

"也可以有'月饼知多少'的科普环节,讲述月饼的讲究,他们只是会做不够的,为什么是圆的,为什么包这个馅,不同地方的月饼款式等,都可以涉及。"

"我觉得家长也可以录个音,拍个视频什么的,放给孩子们看,表达和他们在一起?毕竟我们大部分白天上班,没办法去班级。"

……

我尽数记在班主任记录本上。那次的讨论一直持续了一个多小时,家长们都很热烈,希望把这次的活动策划好。

三、家长融入,参与准备

过了几天,家委会的微信群亮了起来。

小谭爸爸留言说:"班级全部家长的问卷都做了。班里会做月饼的家长涉及三人,分别是小李妈妈、小王妈妈和小刘妈妈,所有家长里没有厨师。也许可以先问问她们?"

我对小谭爸爸表示了感谢后,在微信上和这三位家长组建了微信群。

我在群里把之前的设想和三位家长进行沟通,并表示这次活动如果能够成功,她们的孩子也会乐在其中,也会为妈妈骄傲的。

马上,三位妈妈都表示了认同。

于是,我提出了困惑:"我查阅了一下,月饼的种类有广式的,苏式的,你们觉得哪种适合在班里做?你们比较专业,我想听听你们的意见。"

小李妈妈说:"这些要用到烤箱,班里能插烤箱吗?"

我说:"插座是有一个的。"

小刘妈妈说:"一个家用烤箱烤起来太慢了,那么多孩子,每人3个,那要花多久才能烤完呀。而且做月饼工序复杂,孩子们可能会失败。"

我才惊觉,幸亏问了"行家",不然这没头没脑地准备,到时候失败了,该给孩子们带来多糟糕的体验啊!

我又问:"有百分之百能成功的'方子'吗?做小一点行吗?"

小王妈妈说:"老师,我有个办法。有种月饼叫冰皮月饼,是近些年流行的。冰皮月饼不需要烤制,而且材料我们都可以提前准备好,比如冰皮、馅料。孩子们只要把皮弄扁,馅料包进去,用模具一压,就能做成功。"

小刘妈妈应和道:"对,还有冰皮月饼,这个可以,还不用担心烫伤的危险。"

一拍即合。

三位妈妈表示暑假约个时间聚在小王妈妈家里,一起做做冰皮月饼,把"方子"试验到位些。到时候他们带孩子们做月饼。

小李妈妈还提议:"模具我们挑一挑,选圆形的,上面有吉祥的字的,到时候老师开主题班会的时候,也可以就这个和孩子们说一说,都是带着美好寓意和祝福的。"

"好提议!"我兴奋地回复道。家长们的想法真的为活动增色不少。

接着的整个暑假,整个流程和内容在大家的群策群力之下逐渐打磨成熟。家委会的五位家长和三位负责月饼制作的妈妈也都在繁多的任务中主动认领了任务。表1就是主题班会前的最后一稿分工表,至今看来,依旧觉得家长的能量巨大。

表1 "月满中秋庆团圆"中秋节特色主题班会家长分工

环节	环节设想	家长	分工
准备阶段:问卷	筛选月饼制作人	家委会小谭爸爸	设计问卷,并统计结果
准备阶段:策划	主题班会流程策划、讨论	家委会五位家长	策划、讨论

1加1大于2——家班共育有创意

(续 表)

环节	环节设想	家长	分工
准备阶段:材料	班会当天涉及的所有材料	家委会小杨妈妈	准备当天一次性桌布、餐盘、一次性手套
		小李妈妈、小王妈妈、小刘妈妈	月饼冰皮材料、馅料
准备阶段:音频资料	班会中播放给学生看的家长录制的视频	家委会小曹爸爸、家委会小谭爸爸	负责视频拍摄要求发布,收集、编辑视频等任务
活动:"团圆月饼"	小李妈妈、小王妈妈和小刘妈妈带领学生一起制作冰皮月饼,小王妈妈主讲,小李妈妈和小刘妈妈负责辅导,每位学生可以做3只。三位家长做一些放进月饼备用区	小李妈妈	辅导学生制作
		小王妈妈	主讲制作过程,完成PPT制作,辅导学生
		小刘妈妈	辅导学生制作
游戏:"中秋知多少"	学生随机分为6组,进行游戏竞猜。内容涉及中秋节的知识内容,答对得10分,答错扣5分。分数最高的2组,每人可以额外获得一只备用区的月饼做奖励	家委会小宋妈妈	和班主任一起整理题库,审核内容
		小刘妈妈	负责备用区月饼的发放
活动:"月饼小知识"	由小李妈妈主讲,内容涉及月饼的形状、馅料的选择,广式、苏式月饼的区别,重点提及月饼代表团圆的寓意,是一种美好祝福	小李妈妈	主讲,准备PPT
活动:"团圆的祝福"	学生可以将自己的一只月饼送给一位好友,送月饼时,要求与对方握手或拥抱,并说出一句祝福语。如果手上只剩2只月饼,最后可以在备用区申领一只月饼	小刘妈妈	负责备用区月饼的发放

(续　表)

环节	环节设想	家长	分工
活动："品尝团圆"	学生品尝1只月饼,观看家长们提前录制的视频,感受与家长、与好友团圆的氛围,最后自由分享今天的感受	小刘妈妈	交流感想
其他	—	家委会小曹爸爸	活动当天摄影,并将照片上传到网盘

活动最终在家长们的配合下顺利完成,最终共同促成了中秋特色主题班会的顺利召开。

一直以来,我们都觉得主题班会是班主任以一己之力完成备课、上课的德育课程。其实,除了班主任自己,还有很多外在资源可以运用,家长就是其中很重要的力量来源。与家长共同备课,需要注意几个细节:

1. 先达成共识,才能促成共策。
2. 让家长有明确分工,有参与感。
3. 各司其职,家长提供资源和支持,班主任对环节和活动进行德育优化。
4. 注重家委会的作用。
5. 及时对家长表达感谢。

见微知著

值得强调的是,主题班会中家长的参与是锦上添花,不是必须的。最终衡量家长是否需要参与的标准,还是要根据"是否有助于学生的道德提升"这个问题而定。班主任的目的是建设班级以求育人,但缺少社会真实环境。家长的目的是培育自己孩子,但家庭活动缺少育人设计,也缺少社会性,一个孩子很难有社交行为。当班级和家庭实现共育后,才能互相取长补短。基于此,班主任可把握各种与家长沟通的平台,特别是家长会这样可以进行群体沟通的机会更应好好准备,与家长达成建设班级共同体的共识,与家长以"更好地育人"为目的而合作,为学生成长尽一份心力。本案例中,学生在中秋节制作月饼会获得体验感,在体验中更加真切地体悟传统文化的魅力。而实践环节,擅长做月饼的家长对于月饼的制作和讲解对学生产生的影响,定然高于不会做月饼的班主任本身,这就是"术业有专攻"。这时,家长参与就是有必要的了。

2　班规家训一体化，精神传承在路上

——家训助力主题班会

一、问题多多怎么办

"老师，老师，小石抢了我的橡皮，不还给我。"小陆怯生生地举手说。

我放下手中的笔，抬眼望去。学生们正在做练习册，小陆的话像一块丢进水里的小石头，在班里掀起了阵阵"涟漪"。我直视着小石，问："小石，是这样吗？"

"我没有！"小石从位置上站起来，理直气壮地回答。

旁边的小杨立刻举手："老师，我看到小石拿了小陆的橡皮。"

"谁说的！我就是没有！"这时的小石嗓门高了八度，像只好斗的小公鸡，怒不可遏。

"我看到了！"

"我也看到了！"

后排同学的声音不断响起。

当我再看向小石时，他不再高昂着头，而是低着头，目光瞟向地面，默不作声。

我放慢语速，轻轻地问他："能告诉老师是什么原因吗？"

"我自己的橡皮找不到了，我想小陆坐在我旁边，肯定是她拿了。"小石轻声说。

话音刚落，教室的几个角落里传出了"嘻嘻"的笑声。小蔡笑得尤其刺耳。小石尴尬地咬着嘴唇。

我转向小蔡，问："你为什么笑？"

小蔡说:"他又没看见,怎么就知道是小陆拿了? 做事不动脑子,就今天一天,他已经被王老师批评过好几次了。"

我望着头埋得更低的小石和周围幸灾乐祸的同伴们,我眉头逐渐紧锁。

小石家里的祖辈特别宠爱他,我常在上学路上看到他大摇大摆地走在前面,爷爷背着他的书包,跟在他后面。放学时,奶奶手里拿着点心等在校门口,接他放学。

小蔡则是个聪明但自控力不够强的孩子,父母对他的成绩有较高的要求。平时在校犯错了,向他询问时,他最先脱口而出的就是"我没有"。

想到这,我决定利用午会课问问孩子们。

"同学们,你们会经常找不到文具、卷子或者其他物品吗?"

班级中有一半同学面面相觑地举起了手。

"那你们认为犯错可不可以? 觉得不可以的请举手。"

立刻就看见一大片小手迅速举起。同时班级里炸开了锅,大家都七嘴八舌地讨论起来。

"我爸爸说,小朋友不可以犯错。"

"我妈妈也是这么说的。"

"我爸爸允许我犯一次,第二次就不可以了。"

"我题目做错,我妈妈要揍我的。"

这时,班级里的小周举手回答:"老师,我妈妈说,小朋友是可以犯错的,但是犯错后要自己总结为什么错了。以后不错就可以了。"

小孙也举手回答:"我妈妈说每个人都是从犯错中学会不犯错的。"

看来,不同的家庭对同一问题的看法截然不同。我顺势再问:"你们觉得撒谎可以吗?"

小朋友们一起回答:"不可以。"

我追问:"那你们做错事的时候,会撒谎抵赖吗?"

这时孩子们面面相觑,教室里鸦雀无声。

平时乖巧的小华这时举手说:"老师,我妈妈说只要说实话,她不会冲我发火,不会骂我,也不会揍我,但是需要我想想为什么做错,以后要怎么做。"

在和孩子们交流了关于自理、犯错和撒谎的几个问题之后,我看到了不同的家庭由于各自不同的价值观,直接导致孩子产生了不同的行为表现。班级中确实有不少同学的桌面经常乱七八糟,本子、卷子也常常不知所踪;也有部分同学犯错了,首先想到的就是如何推卸责任,如何遮瞒。要想解决这些问题,我感觉到有些观点、规则如果可以家校统一的话,那么应该会取得事半功倍的效果。

二、调查整理价值观

为了了解学生家长对于这几个问题的看法,我设计了一份简单的调查问卷,主要是如下几个问题:

1. 您的孩子会经常丢文具、卷子、作业本或者其他物品吗?如果有,您为了解决丢东西的问题,采取过哪些措施?

2. 您赞同"孩子是在试错中成长"的说法吗?请谈谈您对孩子犯错的理解。

3. 您的孩子有过撒谎的经历吗?您对孩子撒谎的行为有怎样的看法?

4. 你们家里有和以上几个问题相关的家训吗?如果有,请详述。

问卷收上来后,我把家长们的看法做了整理:

1. 问卷显示,班级中将近三分之一的同学经常丢失东西,很多家长采取的措施就是责骂或者再买一份,个别家长会通过训练孩子整理物品,把物品摆放整齐等方法改善情况;极少数家长会在丢失频率过高时,找老师沟通,寻求帮助。

2. 关于犯错的问题,几乎所有的家长都觉得孩子是在试错中成长的,但有时候,孩子反复犯同样的错误,让家长们也很无奈,如做题时抄错题、漏题,如学习用品的丢失,等等。其中有一位家长认为:人无完人,孰能无过?何况是一个孩子。犯错是孩子在成长过程中必须经历的重要阶段,我们对于孩子犯错要能够坦然接受,耐心引导,这样才能够给予孩子充分的支持和鼓励。还有一位家长认为,因为是孩子,所以犯错是他们的"特权"。有时幼儿时期犯错的代价相较成年后，要小很多。每当我家孩子犯错时，我都会去听一听孩子的想法，和孩子一起分析原因，再经过协商之后定下孩子和我都能接受的一些规则。例如，学习用品按月提供，如有丢失，自己用零用钱购买，等等。

3. 班级中有超过半数的学生有过撒谎的经历。家长们都认为接受不了撒谎的行为，都希望孩子做一个诚实的人。有的家长认为，诚实是做人的基本品质，比成绩更加重要。有的家长认为，孩子有时说实话，对于他们是危险的。在这种情况下，他们会选择说谎。虽然能被理解，但行为却需要纠正。还有的家长认为，孩子说谎，有时候是因为没有被允许说出他们自己的真实感受。所以，我们大人要学会倾听孩子，让孩子把话说完，做好准备接纳孩子的真实想法和情绪。

4. 班级中有家训的家庭真的不多。有的家长谈到家里的家训并不成文，但能感知它的存在。可见，在现代的中国家庭里，父母各忙各的事业，孩子交给了老人或保姆带，家训自然变成了隐形的、潜伏的，效果也就差了许多。个别家长在总结家训时写道：要学着独立，自己的事情自己做；要勤劳节约；要对自己负责；要从犯错中总结，不要一直做错事，而应该要学着做对的事；要诚实，不撒谎，说真话；等等。

反复看着家长们的问卷，梳理着他们的看法和困惑。我思考着可以邀请班级中一些习惯好、有家训、家风正的家长一起参与我们关于制定班规的主题班会，这样就有机会让班规和家训适当统一，形成合力了呀！我一下子有了醍醐灌顶的感觉。

三、邀约家长分两拨

经过几天的思考，班会的主题定为"班规家训　齐定共守"，流程也在我的脑海中日渐清晰。我邀请了一部分家里有家训的学生家长和一部分平时自理能力较弱，而且经常拒不认错的学生家长来校参加主题班会。其中，包括了小石、小蔡、小周和小华的家长。

主题班会课开始时，我先让学生一起看一则故事：

小A从家里带来一板巧克力,她说,这是她姑姑从国外给她带来的,可好吃了。小B听到也想吃,又不好意思开口。一节下课,小B路过小A的课桌,看到小A把巧克力放在了桌上,人却不在。小B犹豫了一下,看四周没人注意到她,迅速拿了一块塞进嘴里。小A回来发现少了一块,很生气,四处询问是谁偷吃了她的巧克力,可是没人承认。这时,小C说看到小B偷拿了。无奈,小B只好尴尬地承认了,小A十分生气,周围则有人看着好戏,在偷笑。

请分小组讨论以下几个问题:
1. 小A和小B是否有错?错在哪里?
2. 请你想想为什么小B不承认她拿了小A的巧克力?
3. 你对周围偷笑的同学是什么看法?

在同学们热烈的探讨后,我们进行了总结。

同学们都认为小B没有经过小A的允许,偷偷拿走小A的巧克力,所以不对。我引导孩子们看到如果小A能够管理好自己的物品,就不会发生后续的事情。借机,我询问班级中哪些同学经常丢失物品。和家长问卷一致,班级里有将近三分之一的小朋友都举起了手。此时,我请几乎没有丢过文具的小周介绍她是如何保管她的物品的。同时,还请小周妈妈介绍了她家关于这方面的家训。

小周妈妈说:"我们一直教导小周要学会对自己负责,管理好自己的物品就是对自己负责的表现。当然,我们也会帮助小周,如在她所有的文具上贴上标签,和她做好管理物品的约定,等等。所以,我们家的家规里包含负责,还包含了节俭。家里,不管是孩子还是我们,尽量不浪费东西,不论是食品还是生活用品。一来方便整理,二是为了环保,为了敬畏我们所生活的环境。"

小周妈妈话音刚落,教室里响起了热烈的掌声。

在讨论第二个问题的时候,我邀请小华和她的妈妈进行了一次家庭情景再现。情景是一次小华考试情况不佳,老师要求签字,小华害怕妈妈批评,没有告诉妈妈这一作业要求。老师联系了妈妈,妈妈下班回家后询问怎么回事。

情景再现后,请同学们谈谈他们的感受和想法。

"小华妈妈回去第一时间是询问怎么回事,而不是质问小华。"小石回答到。

"你觉得小华妈妈处理得比较温和,是吗?"我追问道。

"是的,就是看起来没有那么凶。"班级里的同学不少脸上露出了赞同的笑容,看来大家感同身受。

"我觉得小华妈妈说了'说实话就不责备',小华就没有那么害怕了。所以才敢说实话。"小孙一语中的。

这时,小华妈妈总结道:"我相信每位家长都不愿自己的孩子撒谎,我也相信每位同学都愿意做诚实的孩子,因为人心总是向上、向善的。但有时孩子们出于保护自己,有时孩子们为了遮掩自己已经犯下的错误,还是可能会选择说谎。我们家训的其中一条就是:诚信。这两个字包含了两层意思:诚实、守信。我希望小华在长大的过程中,通过诚实,通过守信,学着为自己负责,为他人负责,就像前面小周妈妈说的一样。因为要求小华诚实,所以我们和她商量好了,只要说实话就不责备。我们理解孩子成长过程中需要试错,所以我们能接受孩子犯错,但更需要自己思考为什么会犯错,以后应该怎么办。当然,家训不仅是对于孩子的要求,而是对家庭所有成员的要求。你们看,我家的家训上有我们三人的签名。"说着,小华妈妈拿出了她家的家训展示给我们看。

站在一旁的我环视着教室,小华认真地听着妈妈在台上娓娓道来,同学们专注无比,后排的家长们不断颔首,表示认同。

当小华妈妈在介绍她们家关于说谎的看法时,恰巧也表达了对孩子犯错的理解,那么第三个问题也就迎刃而解了。

最后,我和同学们一起根据这几个问题,讨论和制定了新的班规。

孩子们对于小华妈妈和小华之间"说实话就不责备"的做法表示喜欢,他们说能保证不责备,他们就不害怕了。同时,也觉得在这样的情况下,他们更加愿意去思考自己错在哪里,也更加愿意和爸妈一起进行行为约定。我立刻建议,在学校我们也实行这样的班规。建议得到了同学们的全票通过。

课后,小石和小蔡的家长表示这堂主题班会课不但教育了孩子,也让他们看到了别的家长是如何智慧地做父母的,他们也感受到了家训在家庭教育中发挥的积极作用。

四、合力执行有成效

因为有了家长的参与,有了贴近生活的事例和话题,课堂上我和同学们针对最近班级现状讨论出了需要在原有基础上增加的班规:

1. 使用有名字贴的文具;
2. 捡到的文具或卷子、本子上交到失物招领盒;
3. 频繁丢失可以参照家训的要求处理,如有疑问时,可找老师帮忙查找;
4. 做错事情,只要说实话,老师不批评;
5. 知错能改,善莫大焉。做错事情需要分析原因和后续的改进方向,做不到需要承担的后果以及你所需要的帮助。

课后,我把课堂录像和在课堂上讨论出的新增班规的内容发布在班级群里,建议家长在家里制定相关家训,还可以参照自己的家训,和孩子们一起商量,制定一些具体的约定。

当晚,我就收到了小蔡爸爸的短信:

老师,课后小蔡告诉我,他最喜欢小华妈妈"说实话就不责备"的做法,我也觉得在那样的处理中,孩子会比较放松。同时,我也和孩子约定,后续要分析原因、今后的行为方向和做不到的后果。我尝试着制定了我们家的家训:

1. 安康:安全、健康。
2. 诚信:说实话不批评;一言既出,驷马难追。
3. 友善:别人犯错不笑话,学着感同身受。
4. 反省:同一错误,事不过三,不可一错再错。

暂时,我们家先定这四条,然后根据家庭情况再逐条增加。谢谢张老师邀请我来参加了一堂如此与众不同的主题班会。我们一定配合学校,让家训和班规同步,一定会助力孩子的健康成长。

第二天,我还收到了其他家长制定的家训,总量超过了半数。每个家庭的家训都有自己不同的特点,但许多家训都把班规相关的内容囊括其中。

有了和学生们一起讨论出来的班规,再加上家训的加持,渐渐地,学生以前的各种不良习惯有了改善。

> **见微知著**
>
> 　　家训是家风的载体,而家风是一个家庭兴衰的根本。俗话说:"道德传家,十代以上,耕读传家次之,诗书传家又次之,富贵传家,不过三代。"无论什么时代,父母的价值观都决定着整个家庭的价值导向。而在学校里,老师的价值观则关乎整个班级的班风。案例中,班主任老师以主题班会和微信群为讨论、示范和交流的平台,让班规和家训达成理念统一。家班相对一致的价值观决定了学生为人处世的态度,是他们今后累善自强之道,更是民族精神传承之法。

3 爱,是解锁的钥匙

——亲子沟通类主题班会

一、亲子之间的"心锁"

学期末的家长会即将临近尾声。按照惯例,有个自由问答环节,家长可以与班主任或其他家长自由沟通他们近期的困惑。

小宋的妈妈率先开口道:"我听了很多讲座,学校这里也常常组织,但很多讲座都是针对家长,教家长怎么做一个好家长。可是有没有针对孩子的呢?比如教孩子怎么做个好孩子,怎么理解父母。"

说着,小宋妈妈摇起了头,叹了口气。

这真是一石激起千层浪,一下子引起了很多家长的共鸣,小张妈妈也抱怨道:"对啊,我孩子总是拿这个理论那个理论压我。一说她,她就说我不是正面教育,把我气个半死!"

小李妈妈说:"我的孩子现在也是隔三差五和我吵,一点不如意就要吵,一吵架就把自己锁自己房间里。后面几天都不愿意和我们说话,我一想到就头疼。"

小金爸爸感叹:"自古说要孝敬父母,别说敬了,孝也没了。我们也一直教,孩子油盐不进,还冲我们吼说我们不爱他。哎,学校能教教孩子善待父母吗?我已经不知道怎么和孩子相处了。我感觉孩子对我关上了他的心门。"

"对啊,不知道怎么相处了……"其他家长也应和着。

家长们你一句我一句,我开口道:"看来今天这个问题是大家共同的难题啊。如何与孩子沟通的确是门学问,而孩子如何与父母相处其实也是有学问的。如果彼此锁上了心门,我们要想办法找到钥匙,把它打开。孩子之前的在校经历中,确实比较少涉及亲子沟通这一领域。这样吧,下学期开学后,我琢磨开一堂关于亲子沟通的主题班会,让孩子能够多理解父母,学会与父母相处和沟通的方法。大家觉得合适吗?"

家长都点头表示同意,小宋妈妈也说:"谢谢老师,实在是太好了,希望对孩子有用。"

我顺势也提出了自己的困难:"我们班级没有进行过涉及这方面的主题班会,我暑假多去查阅资料,积极备课。如果过程中有需要各位家长的地方,也希望大家能够一起出谋划策,共同合作,好吗?"

"好,没问题。"家长们纷纷表态。

经过两个月的筹备和家长志愿者的参与,主题班会在九月顺利召开。课上有几个片段,学生们都感到印象深刻。

二、活动体验:生活的A/B面

"接下来,我们来进行一个有趣的活动,叫'生活的A/B面'。"我宣布道。

"哇!"学生们都露出了惊喜的神色。

"首先,我们需要8位'演员',我会给你们每人一句话,你需要自己配上语气和动作。谁愿意来?"

学生们一个个举起手来,大多是班里外向的"戏精"们。我选了8位较善于表现的学生,随机分成了A组和B组,让他们面对面站立,中间空出2米的距离。

随后,我又转向同学们,询问道:"我们还需要一位志愿者,不用你说话,上来体验就行,谁愿意来?"

不少学生跃跃欲试,我挑选了情感较为细腻的小芳。

参与的同学都就位后,我接着说:"过会,我会发给8位'演员'每人一句话,给你们2分钟的准备时间。注意,你的那句话下面有个核心词,请你在紧扣核心词的基础上尝试代入人物,揣摩语气,可以加入动作或道具进行发挥。注意,正式表演时,不需要把核心词说出来,只要把上面的句子的意思表现出来就可以了。"

说着,我把 8 张纸条发到了"小演员们"的手上。大家迫不及待地打开,有的琢磨着,有的比划着,有的回到座位上寻找道具,有的则举手寻求我的帮助。

很快,2 分钟过去了,"演员们"也都准备好了。

我开始讲解后续内容:"好,时间到了。我们现在场上有 A 组和 B 组,每组 4 人。接下来,我们的志愿者小芳同学会走先走到 A1 位置的同学那里,A1 位置的同学需要对她读出纸条上的那句话。读好后,小芳同学走向 B1 位置的同学,然后 B1 位置的同学读出自己纸条上的话。以此类推,接下来是 A2、B2、A3、B3、A4、B4。大家理解了吗?"

小芳和"演员"们都点头示意明白。同学们则饶有兴致地看着他们。

小芳走到了 A 组第一位学生的面前,A1 位置的小李一脸烦躁地说:"你烦死了!我都说了我知道!我知道!我知道!还要我说几遍?"说着,生气地转过了脸。

小芳有点惊讶,面带愠色转过身,走到了 B 组第一位学生面前。只见 B1 位置的小金一脸笑意,不疾不徐地说道:"好,我知道了,我现在这里有点事,我过会和你沟通好吗?"

小芳也笑了,又转身走到了 A2 位置的小何面前。小何抬起手,把手指在小芳眼前晃了晃,说:"你给我去倒杯水,我渴了。"见小芳不动,他声音提高了八度,用手指指向一边大声说:"就现在,去啊,你去啊!倒杯水怎么了?"

小芳眉头皱着,脸色由晴转阴,马上转身走到 B2 位置的小沈面前。小沈轻轻拉住了小芳的手,说:"工作了一天,你累了吧?我自己的事可以自己做,你好好休息会吧。"

这下小芳和同学们都摸出规律来了。坐在座位上的小黄轻声说:"这简直是一边天堂,一边地狱啊。"周围人纷纷点头。

小芳这下有心理准备了,走到了 A3 位置的小杨面前。小杨用鄙夷的眼神把小芳从头到脚扫了一遍,又围着小芳转了一圈,嘴里不停发出"啧啧"的声音。小芳被看得不自在,刚要转身去对面,小杨开口了:"别人去开家长会都穿得很好的,你看看你穿的什么啊?丢死人了!"

"家长会？小芳是家长？"机灵的小黄忍不住问道。

我示意大家保持安静。小芳迅速离开 A3 位置，加快脚步走向 B3 位置的小章。小章露出了惊喜的神色，说："哇，你在我眼里真的穿什么都好看。我记得上次看你穿那条蓝裙子也超级美啊，要不要试试？"

小芳笑眯眯地点点头，转身来到了 A4 位置的小曹跟前。小曹手上拿着本书，看来是有"备"而来。只见他深吸一口气，突然怒目圆睁，大吼一声："你够了！"随后就把书重重地摔到地上，自顾自冲向教室门口，把门一摔，出去了。

空气安静了 5 秒。我忙到门口，把"入戏太深"的小曹带回来。打开门，他正调皮地在门外冲我眨眼。

"好，最后一个了，小芳，你走过去吧。"我轻声提醒了一下。

小芳正愣神呢，忙转身走到 B4 位置的小夏面前。小夏并不像其他三位 B 组同学一样微笑着，她皱着眉头，手指紧握着，似要发火。接着，小夏轻轻摇了摇头，做了 2 个深呼吸，叹气说："让我想想，过会再说。"

我感谢了 8 位演技精湛的"演员"，请他们在原地等待。接着把小芳拉到中间的位置，询问道："小芳，此刻你的感受如何？"

小芳指指小黄说："就他刚才说的，一边天堂，一边地狱。"

"为什么呢？能具体说说原因吗？"我追问。

小芳说："我走到 A 组，就觉得自己得不到尊重，他们对我的态度都很差，有些举动即使知道是演的还是让我无法忍受，如果我是当事人可能会气到极点。但走到 B 组，又觉得大家对我都很柔和，语气温和，面带笑意。即使最后小夏没笑，我也没觉得生气，只觉得她在调整自己的情绪，没有迁怒于我。"

"你能猜到他们说话的对象可能是谁吗？"我继续问。

"家长，就是爸爸妈妈之类的吧。后来感觉到了。"小芳说。

"是的，他们都是在对父母说话。而且，其中 A 组的话，都是我们班级的父母提供给我的，确实出自你们的口哦。"我揭晓了答案。

学生们面面相觑，都有点惊讶。

我不禁想起一个多月前的暑假，我与家长在线上交流这个环节的内容。

家委会的家长们通过问卷的方式征集来了班级家长认为最无法忍受的孩子的言行。前后包括10个方向,包括冷漠、不耐烦、指挥、嫌弃、发火、拖沓、懒散、负能量、要挟、撒谎等,最后挑选出重复率最高的四个方向,也就是A组的四个场景。之后,我们又商讨了"什么才是大家希望的反应"这个话题,并最终讨论出了四条家长普遍认可的方式,也就是B组的四个方向。

"当我们知道这些话的对象是父母时,此刻你的感受如何?"我转向小芳,继续询问。

小芳摇摇头说:"我不太好受。我觉得有时候对父母过分了。"

"大家呢?"我转向班级的学生。

小黄先开口了:"我觉得我们可以对父母好,也可以伤害他们。哎,该对他们好一点的。"

小赵跟着说:"对父母说出那种话,父母一定挺难受的。"

大家纷纷点头。

我见大家意见还挺统一,接着说:"大家都有点内疚啊。其实,今天B组说的话,就是家长们这里征集到的大家认可的方式哦。大家还想不想再看一遍?"

"想!"大家异口同声。

我转向8位"演员"说:"这一次,我们一组一组来。A1和B1一起上,走到中间的位置,面向全班同学表演出来。只是这次表演结束后,把自己手卡上的关键词也读出来告诉大家。"

A1和B1位置的同学走到中间。

"你烦死了!我都说了我知道!我知道!我知道!还要我说几遍?我是'不耐烦'。"

"好,我知道了,我现在这里有点事,我过会和你沟通好吗?我是'耐心'。"

A2和B2位置的同学走到中间。

"你给我去倒杯水,我渴了。就现在,去啊,你去啊!倒杯水怎么了?我是'指挥'。"

"工作了一天,你累了吧?我自己的事可以自己做,你好好休息会吧。我是'理解'。"

A3和B3位置的同学走到中间。

"别人去开家长会都穿得很好的,你看看你穿的什么啊?丢死人了!我是'嫌弃'。"

"哇,你在我眼里真的穿什么都好看。我记得上次看你穿那条蓝裙子也超级美啊,要不要试试?我是'尊重'。"

A4和B4位置的同学走到中间。

"你够了!"小曹把书重重地摔到地上,说,"我是'发火'。"

小夏摇了摇头,做了两个深呼吸,叹气说:"让我想想,过会再说。我是'冷静'。"

班里响起了热烈的掌声。

我说:"你们的力量很强大,小天使或小恶魔都在一念之间。你们可以让父母很愉悦,同样也可以让他们受到伤害。现在,大家学会合适的表达了吗?"

小黄又第一个开口说:"我会了,我知道哄妈妈最重要,哈哈。"

小宋说:"遇事不发火,冷静后再处理更合适。不然遇到脾气暴躁的,准要打起来。"

小汤说:"态度也很重要啊,保持微笑,心平气和,才不容易激怒父母。"

小胡却皱着眉,支吾着说:"我想做……但怕做不到。我妈妈的脾气也不好,我这样做可能并没有用,还可能会激怒她。哎……"

我安慰道:"老师要表扬你,至少你想做了,对吧?做,就有50%的机会,不做,可能好好沟通的机会都没有。万事都要去尝试,才能找到两个人相处的平衡点。"

小胡认可地点点头。我想,不可能依托一堂课就改变孩子与父母的沟通方式,有时亲子之间的矛盾又怎么可能只是孩子一方的问题呢?但至少,孩子这一边愿意和解,能够好好说话,理解和体察父母的情绪,就是一颗小小的种子,一个好的开端。

三、家长献声:爱,是解锁的钥匙

"刚才我们做了游戏,进行了体验活动,还谈了很多相处之道。老师有个问题想代替一些孩子问出来:当亲子矛盾发生时,凭什么是我退?"我看着班级学生,有些学生抬起头望向我,看来说到他们心坎里了。

我接着说:"我们班的家长工作时间不同,白天没法凑出一个大家都有空的时间来学校。但今天,他们以另外一种方式出现在了这里。我们班的每位家长都为自己的孩子录了一段音频,并且都发给我了。大家想不想听?"

"想!"学生们异常兴奋,能在教室里听到自己爸爸妈妈的声音,这样的机会可不多。

我想到当时为了定下音频的主题,我和家长在网上讨论得也很激烈。我们首先达成了共识"表达爱意"。可是如何表达能够让孩子感受到呢?也有家长明确表示不希望变成家长的"自我批斗会",家长也应该有家长的立场和坚持。最后我找到了折中的方法,我在群里提议:"如果我们把目光只放在现在,那我们只能看到冲突和未知。不如我们把姿态放出来,谈谈自己可以为孩子做出的改变,再把目光放远,说说你对十年后你的孩子的期待是什么,谈未来,有爱,也能规避当下的冲突,大家看呢?"这得到了所有家长的响应。4天时间,我就收到了所有的音频。

看着孩子们期待的眼神,我继续说:"音频的主题是,家长愿意为孩子做出的改变,以及家长对孩子十年后的期待。"

说完,我开始逐条播放家长们的音频,家长的声音回荡在教室,学生们一下子都静下了,竖起耳朵等着自己的家长的声音。

"小爱,我是妈妈。妈妈想为你做出的改变是多陪陪你。你知道,妈妈忙,经常你找我时我都说在忙,你也就不打扰我了。想想也挺不好意思的。妈妈答应多陪陪你。我希望十年后的你是一个开朗乐观、有自己的梦想和目标的人,可以在自己的领域打拼出一片天哦,看好你。"

"乐乐,我是爸爸。爸爸想为你做出的改变是和你好好说话……我录这段话时,我们一周没怎么说话了……你总说我管你紧,我知道你是个上进努力的孩子,爸爸也是希望能在你成长的路上多帮帮你,只是有时候我这人说话急,哎。我希望十年后的你,是个勇敢有担当的男子汉。你总说你想做警察,我希望那时你能做成,去伸张正义,保护百姓。加油。"

1加1大于2——家班共育有创意

"果果,我是妈妈。妈妈接下来要做出的改变是慢慢放手。我们母女的感情一直都特别好,我很感谢上天送给我你这么个小天使。偶尔你会小小抱怨妈妈管太多,不信任你。孩子,妈妈慢慢发现,其实不是你离不开我,是妈妈离不开你。但妈妈会慢慢学会放手,给你独立的空间和自由,但是是有度的哦,毕竟你还未成年。十年后的你,我希望是个阳光的、坚强的、执着的人,当然,我也希望我们十年后,感情还是像现在那么好,一起逛街,一起吃饭。果果,妈妈爱你。"

……

音频一个个地放着,我观察着孩子们的表情。

大家如果听到自己父母的声音,开始都会一个激灵,脸上露出惊喜的神色。随着音频的播放,有的孩子抿紧嘴唇轻轻点着头,有的孩子眼圈泛红,有的孩子索性抽泣起来。

父母的音频仿佛打破了和孩子之间的距离,用自己质朴的声音,传达着对于孩子的爱,悄悄地走进了孩子的心里。

音频播放完后,我接着补充说:"这次在收集音频时还发生了不少事。有的家长录了十几遍才最终满意地发给我;有的家长对于发音频不是很擅长,琢磨了很久才弄明白;还有位家长迟迟未递交音频,我在上午主动打电话沟通,电话那头家长说'不好意思,我接待完客户就发给你'。大家猜他几点发给我的?"

"下午?""晚上?"学生们猜测着。

我摇摇头,说:"晚上11点。"

"啊,那么晚?接待客户?"小宋一脸不可置信,惊讶地说着。

"是啊,家长发完音频,还发了条信息给我,说'不好意思,我刚忙完,今天客户过来,白天一点空都没有'。我们的很多家长都有自己的工作,白天忙于工作,有时候工作还要带回家做。但无论他们多忙,我们班的音频全都收齐了。这就是他们的态度,他们不会忘记家里还有个宝贝在。所以,还是那个问题:当亲子矛盾发生时,凭什么是我退?"

"因为我爱他们!"小乐虽是个男孩子,却已泪流满面,几乎哽咽地说了出来。

其他同学也受到了感染,都点着头。

我顺势说:"对啊,爱,就是解锁的钥匙。亲子之间哪来的对错,有的只是互相包容和退让。我们的父母爱我们,我们也爱父母,那就让很多问题随风消逝吧。好好相处,好好说话,珍惜在一起的每一天的时光,大家说,好吗?"

"好!"大家都努力点着头。

那天的中午,我让每个学生都用我的手机在微信上用语音给父母说了一段话。我在教室里,学生拿着我的手机去教室外"悄悄"地说,毕竟涉及隐私。回来一个,再出去一个。我看到好几个学生回来时眼圈都红红的。

事后,有不少家长发微信给我,说感谢这次搭的桥梁,让他们和孩子的关系缓和了很多,听到孩子对他们说"我爱你"时,感觉心都化了。

我知道,这次的班会,走进了学生的心里。

见微知著

孔子云:"父母之所爱亦爱之,父母之所敬亦敬之。"这句话里蕴含孔子儒家思想里的"孝道",中国自古推崇百善孝为先,作为子女,应当孝顺父母,不忤逆父母。

可是,这对于现在的学生而言却不一定能够从心底认同和接纳,孩子青春期阶段对父母大吼、对抗的例子屡见不鲜,很多时候他们不是不知道怎么孝敬,而是不理解为什么要孝敬。由于家庭的复杂性和多样性,如果单纯从方法的角度来说,难以走进学生心里。因此,这位班主任尝试从情感的角度,唤醒学生对于父母的爱,让学生在感悟中体会父母的爱,从而愿意为之去行动。爱,就是一把解锁的钥匙。其实家长和学生手上都紧紧握着这把钥匙,而班主任做的,不过就是让他们发现它,再轻轻开启那把心锁而已。

五　妙趣横生的亲子活动

　　亲子活动本是家长与孩子之间互动的活动,是促进亲子沟通和关系的一种媒介。班主任重在建班育人,如果能够借亲子活动的契机指导家庭教育,最终作用于学生身上,引领学生成长,也不失为一个助学生成长的良好平台。

　　很多班主任对于组织班级活动驾轻就熟,但一旦涉及组织家长共同参与的亲子活动,就开始犹豫不决,心中冒出很多疑惑:

　　家长要是不愿意参与怎么办?

　　家长会不会觉得班主任多事?

　　怎么让家长更好地参与进来呢?

　　我对校外亲子活动没经验,应该怎么设计呢?

　　什么样的亲子活动能够富有育人价值呢?

　　……

　　班主任设计亲子活动不是本身擅长的领域,所以在开始前班主任们总会充满纠结。而有的班主任在疑虑中勇敢地迈

五　妙趣横生的亲子活动

出了第一步,并留下了宝贵的实践经验。

　　本专题,就是班主任设计并实践的亲子活动,涉及增进亲子关系、利用时事提升认知、亲子共同参与环保公益等领域。

1　问卷+打卡+书信，一切从需出发

——增进关系类亲子活动

这个学期的家长会又如期而至了。每个学期，学校的家长会都会邀请专家来校做讲座。讲座内容涉及的范围非常广，包括儿童心理、儿童行为特点、亲子阅读、亲子沟通等领域。目的都是希望家长通过讲座了解儿童，了解教育，学着做"智慧"的父母，更好地实现家校合力。

这次家长会的主题是亲子之间爱的沟通，专家介绍了"爱的五种语言"。"爱的五种语言"源自《爱的五种语言》一书，《爱的五种语言》作者是美国的盖瑞·查普曼，畅销书《"酷"爸"酷"妈的五项修炼——亲子沟通密码》也是他的著作。主讲老师详细介绍了关于爱的五种语言：

1. 肯定的言辞(Words of affirmation)；
2. 精心的时刻(Quality time)；
3. 接受礼物(Receiving gifts)；
4. 服务的行动(Acts of service)；
5. 身体的接触(Physical touch)。

查普曼指出，要让一个孩子的情绪稳定，必定要满足他情绪上的基本需要。在那些需要中，没有比爱和感情更重要的。他们需要感觉到有所属，有人要。借着适当的情感供应，孩子有可能发展成一个有责任感的成人。缺了那种爱，他或她就会在情绪和社交上表现不健全。

在讲解的过程中，主讲老师从理论到实际案例，再到具体的操作方法，逐一深入浅出地为家长做介绍。家长们听得格外认真，有的还认真地记录着。看来，大家对讲座的内容都比较认可。我也听得频频点头，立即购买了书籍，利用空余时间研读起来。

家长会后,一次偶然的机会让我从学生处了解到:会后几乎没有家长和孩子讨论过这个话题。我心里不禁觉得遗憾。校方费尽心思为家长安排优质的教育讲座,可没有后续的支持,导致讲座的效果极其有限。我问自己:作为班主任,我可以做什么?如何让讲座在平时的教育中得以延伸,真正在家庭教育中得以实践,真正地作用于孩子身上?这些问题在我脑子里挥之不去。

一、出于需求 设计活动

查普曼认为,亲子关系是家庭教育的基础,只有拥有良好的亲子关系,家长的教育才能有效。在每一个孩子心里面,都有个"情绪的箱子",等着被添满爱。当一个孩子真正感觉到被爱,他才会正常地成长。但是,当爱箱空了的时候,这孩子就会有问题行为。多半的行为问题都是由于"空箱子"的渴求所激发。所以,无论家长还是老师都需要了解属于孩子的爱的语言。

针对爱的语言这一内容,为了了解家长对孩子的认知情况和目前各家的家庭教育有何需求,我设计了一份调查问卷。其中有一道多选题:您的孩子喜欢您用怎样的方式让他觉得您爱他?A.抽时间陪伴(精心时刻);B.礼物;C.肢体接触;D.赞美的语言(肯定的言辞);E.服务的行动。结果显示孩子们最需要的是陪玩(抽时间陪伴),其次是赞美的语言。见图1。

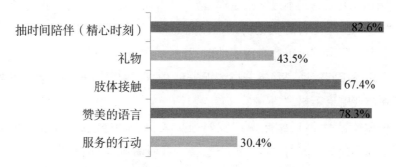

图1 "您的孩子喜欢您用怎样的方式让他觉得您爱他"调查结果

同时,我为了从学生的角度再次了解情况,我利用班会课,和同学们一起讨论了这个话题。

"同学们，老师想问问你们，当你们觉得爸爸妈妈爱你的时候，你们有什么感觉？"

"当我有这种感觉的时候，我会觉得很开心。"平时不太发言的小李主动举手回答。

"每次妈妈训我之后，我会想要妈妈抱抱我，这样我会觉得妈妈还是爱我的。"小王迫不及待地说。

"哦，那样你会觉得在妈妈这儿，还是很安全的，是吗？"我追问道。

"嗯，是的。"小王连忙点点头。

"当我觉得妈妈爱我的时候，我会比较听她的话。"小陈举手发言道。

"是啊！爸爸妈妈的爱会让我们有很多正向的感受。那么，你们觉得爸爸妈妈的哪种行为让你们感觉到他们是爱你的？"说着，我呈现了"爱的五种语言"。当学生们和我一个一个讨论时，我们惊讶地发现班级中所有的学生都不需要"服务的行动"，看来他们都被照顾得非常好，这个需求已经完全被满足了。而他们最需要的是家长们抽时间陪伴（精心时刻）。从中我看到：如今由于不少家长工作非常忙碌，陪伴孩子的时间非常有限，在这有限的时间里，家长们也总是在陪读，所以同学们对于陪玩的需求就比较高。其次，当讨论到"赞美的言语"的时候，班级中有十几位同学悠悠地举起了手。

"小王，爸爸妈妈不经常肯定你吗？"

"也不是，就是有时我觉得自己没有进步，爸爸妈妈却表扬我了。我也不知道怎么回事？"小王非常困惑地对我说。

小蔡举手回答道："我妈表扬我无非就是'很棒！真好！不错！'，其实我也不知道我哪里不错。"

小高举起手，慢慢站起来说："我妈很少表扬我，其实我挺希望她肯定我的。"小高不断搓着衣角，说着，低下了头。我看着她，心里有些心疼，孩子是多渴望妈妈的肯定啊！

班会课结束后，对于家长和学生的情况，我有了大致的了解。我感受到了孩子们对于肯定的渴望和疑惑，我能为他们的需要做什么呢？认真思考后，我在家长会上和家长们就问卷情况和班级讨论情况进行了汇报和分析。

同时,我表示我愿意为家长们学习如何肯定孩子提供学习资源。

会后,还没离开学校,我就收到了小蔡妈妈的短信:张老师,我想报名参加。又收到了小李妈妈的短信:张老师,我很想学着肯定孩子,我能报名参加吗? 随后,手机的"嘟嘟"声不断响起。一会儿,我就邀请了十几位愿意参加活动的家长入群了。就这样,"言语肯定打卡群"建群成功了。

活动开始前,我给家长们写了一封信,给予家长们肯定的同时,介绍活动方案。

各位家长:

都说三流的父母当保姆,二流的父母当教练,一流的父母当榜样。所以,首先为群里所有愿意和孩子们共同学习、共同成长的家长们点赞! 心理学家威廉·詹姆斯说过,人类最深处的需要,可能就是感觉被人欣赏。肯定的言词,可以满足很多人这样的需要。正因为这样,我们才需要学着表扬孩子、肯定孩子。以下是我们的活动方案:

一、活动时间

都说一个习惯的养成需要21天,我们的活动也根据这个原则,持续三周。

二、活动内容

学习更优化、更有效地肯定孩子的方法。

三、活动方式

1. 第一、二、三天学习如何肯定的相关内容。

2. 第四天开始,每天家长就孩子当天的某一个表现,进行肯定,用文字的形式记录下来。

3. 每天我会针对大家的记录给予反馈。

4. 如果有家长觉得部分内容涉及隐私,也可私信给我。

肯定需要同理心,需要从孩子的角度去看这个世界。一开始可能也会有不习惯,不适应,但是让我们一起努力! 加油!

活动方案发出后,群里的家长们纷纷表示非常期待接下来的活动,大家士气高涨。

二、基于了解　解读肯定

活动开始的前三天,首先我就"肯定"的特点向家长做讲解和说明。

1. 肯定的初衷。爱的目的,不是得到你想要的,而是为了我们所爱的人做些什么。而家长肯定孩子很多时候却是有目的的,希望孩子因为自己的肯定而有些改变。孩子最擅长的是用心去感受,所以他们非常清楚大人的肯定是不是由衷的。带有目的的肯定或者言不由衷的肯定都不会真正滋养孩子。肯定的初衷是那份由衷的赞许、认可和欣赏。不是期待孩子下回做得一样好,更不是下回做得更好,而是那个当下,家长感受到孩子的行为给身边的人带来的美好。这份肯定不仅来自于语言,也可以是欣赏的目光,是充满慈爱的眼神,是满眼堆笑的面部表情。语言是冰山露出水面的一小部分,而由心而发才是冰山下巨大的根基。

2. 肯定的内容。肯定要具体,不能太空洞;要说出观察到的具体行为;要强调过程中的努力而不是聪明,因为努力比聪明更加有价值。例如,妈妈看到你(做了什么,给妈妈带来怎样的便利或者你自己获得怎样的便利),妈妈感觉到(情绪,如高兴、放心、轻松、体贴等等表达情绪的词汇)。这样的句式会方便家长们初期进行操练。肯定要与孩子之前的行为或结果对比相结合,不要跟别的孩子做对比,这样孩子更愿意接受。

语言的内容包括鼓励的话语、仁慈的话语、谦虚的话语。

"这是妈妈见过你写得最端正的字!"——鼓励的话语能激发孩子的潜能。

"我相信如果我是你,我可能处理得还没有你周到。"——仁慈的话语能用温柔的语气和孩子同频共振。

"今天你愿意再洗一次碗吗?每次你洗碗都把碗碟摆放得很整齐。"——谦虚的话语提出的是请求而不是要求。

3. 肯定的方式。肯定的方式有很多种,可以是语言的夸奖,可以是写在纸条上的文字,也可以是肢体动作的表达。可以是在孩子睡觉前,也可以是孩子上学出门时,也可以是放学到家时。同时,表达时也要关注孩子的状态。如果孩子情绪不佳,家长要做的是先处理情绪,而不是肯定他。并且,不同性格的孩子喜欢的方式也不一样,甚至能接受的肯定的语气和表情的强度也不一样。

4. 趣味肯定。根据学生的年龄特点,孩子们都喜欢有趣的东西。如果在肯定中加入趣味,会有事半功倍的效果。又或者,当孩子不在场的时候肯定他,当他无意得知时,可能会有意想不到的结果。

三、彼此陪伴 共同成长

每晚九点左右,是群里最热闹的时候。学生的作业基本都完成了,该是爸爸妈妈交作业的时候了。每天家长们打卡的内容我都会仔细阅读,表达到位的我会为他点赞;有的表达指向性比较模糊的,我会指出要具体;有的表达明显目的性很强,我也会指出。家长的记录都离不开具体情境,有时我也会就家长在记录肯定时反映出的其他不当之处,谈自己的想法。

小李因为早上赖床,经常上学迟到,一家人总为这事一大早就家庭气氛紧张。那天小李妈妈写道:妈妈发现你最近早上一直催爸爸去学校,担心迟到,妈妈觉得很开心。

我帮她改进调整为:妈妈发现最近你早上因为担心迟到,会督促爸爸早些出门。妈妈觉得你终于能把按时到校这件事情放在心上了,终于能把这件事当成自己的事情去在乎了。妈妈觉得特别欣慰。

具体一些的肯定能让孩子更清楚自己哪些方面有长进。

小高妈妈在其中一天的记录中写道:今天晚饭吃大闸蟹,往常都是我剥给她吃,今天是她自己剥自己吃,吃起来很慢,一个蟹吃了将近一个半小时。我就问她了:"是不是自己剥的吃起来比较香啊?以后等你吃起来'老居'(上海话"熟练"的意思)了之后,可以帮妈妈剥,妈妈吃到你剥的蟹肯定更香更好吃!"她很开心地说:"好啊!好啊!"

我点评道:还可以表扬孩子吃蟹的耐心,不怕麻烦。现在确实有些孩子嫌麻烦,宁愿不吃。

小蔡妈妈每天都非常积极地参加打卡活动,但是所有肯定的内容都和学习有关,书写、正确率、完成时间、完成内容的多少,等等。当记录到一周后,我提醒小蔡妈妈去观察自己的记录内容,她自己也发现平时在家庭生活中对于孩子的关注面太狭隘了,也看到了其他同学家长表扬的内容五花八门。她发现了自己的问题,也就找到了改进的方向。

小陈家有两个孩子,妈妈试着在爸爸面前表扬姐妹俩最近床铺整理得特别整齐。姐姐等妹妹回家的时候,把父母的那份由衷的肯定告诉妹妹。姐妹俩心里的那份得意溢于言表。

家长们打卡的时候,我不仅仅点评,我还和他们一起打卡,因为我和他们一样,也是家长。和他们一起打卡的过程中,我发现家长们的智慧也在开拓我的思路和视角。小熊妈妈因为孩子积极参加父母一起策划的"周围道路知多少"的活动,而肯定了小熊。我发现这样形式的社交安全教育也是非常值得借鉴的。小陆父母搭台唱戏式的趣味表扬也让我看到肯定形式上更多的可能性。

21天很快就过去了,家长们向我表示确实感受到由衷的肯定带给孩子信心,有利于亲子关系,甚至有的表示家庭氛围都变得更加和谐、温馨了。我和家长们一起共同成长着。

四、总结交流　爱意流淌

活动结束后,我让家长把所有打卡的内容记录在小本子上,并留下一点活动感想。并不是为了记录,而是为了有更多的思考和体悟。

"当我看着自己的记录,我发现儿子并没有我所认为的那么糟糕,他会帮我擦桌子,他也会按照我的要求,努力去达成,只是我很多时候都忽视了他的努力。当我看到这一点时,我有点内疚。"

"三个星期以来,一开始,我真的不知道该表扬孩子什么,为了完成打卡任务,每天绞尽脑汁想着怎么表达我对孩子的肯定。慢慢地,到最后一个星期,我发现没有刚开始那么难以说出口了。"

"我发现真心肯定孩子的时候,我会不自觉地眯着眼睛、笑盈盈地看着孩子。心里是开心且温暖的。"

……

五 妙趣横生的亲子活动

看着家长们总结的点点滴滴，我的心无比柔软，我想是因为在他们的字里行间，我读到了——爱！

家长们"爱的语言"我看到了，也感觉到了。但是孩子们是什么样的感受呢？

我把所有父母参加打卡活动的同学们召集在一起，请他们说说最近在家里印象最深的事。

"我妈妈最近经常表扬我。我觉得我妈妈变温柔了，变漂亮了。"小华积极举手和大家分享道。

"最近妈妈总是表扬我早起。每次她夸奖我的时候，我就想着第二天我还要早点起来。"小李笑嘻嘻地回答到。

"我发现我们家最近笑声多了，可是我不知道为什么？"小熊丈二和尚摸不着头脑。

"哈哈哈！"小熊憨态可掬的模样把大家都逗乐了。

"今天在座的同学中有不少和我们分享了他们的故事。老师今天找你们来，是因为你们的爸爸妈妈都参加了老师组织的言语肯定打卡活动。这个活动是你们的父母想要成为更称职的父母而主动参加的。"话音刚落，有的同学面露微笑，看来一定是知道的，有的则面面相觑。

"老师希望你们回去对爸爸妈妈说声'谢谢'或者给他们一个大大的拥抱，又或者帮他们做件事，来表达你们的爱，好吗？"

同学们一起伸出手，对着我整齐划一地比划了"OK"的手势。

通过这样一次打卡活动，家长会的讲座内容得以实践和落地。家长收获了学习、成长和良好的亲子关系，老师用自己的专业和敬业为家长提供了学习的机会，从而收获了信任和配合。这样的配合让学生收获了自信心、安全感、愉悦感等等积极的心理体验。三方皆赢的结果不能说一定开启了孩子成功的阶梯，但一定会在家长和孩子心里留下一些温馨的画面。

晚上，群里又热闹了起来。家长们相互交流着那天回家后，孩子们对他们表达的"爱的语言"让他们感觉到了爱意的流动。看着他们温暖的文字，一股股暖流涌上我的心头。

见微知著

马斯洛的需要层次理论指出,生理、安全、归属和爱的需要是人的基本需要。班主任从班级实际出发,从学生渴望被肯定的需要角度思考,对家庭教育的亲子活动进行专业设计。在这次活动中,帮助家长通过肯定孩子表达自己的爱,满足孩子归属和爱的需要,从而更有信心、更有能力,也更有效率地完成学习和生活任务。

2 感知由心始,战疫"心"闻记

——时事类亲子活动

乙亥末,庚子初,2020年的寒假注定不同寻常。新型冠状病毒让我们的国家生了病。在这场大难中,我们每个人都深陷其中,也身在其中。

一、百感交集——渴望分享

每天早上起床,我第一件要做的事情就是关注疫情发展的情况,关心各种疫情新闻。都说生活即教育,而"疫情"就是一本鲜活的教科书。面对逝去的生命感到无奈,知晓生命的不可重复性,会知道什么是敬畏;为奋战在一线的医务人员的艰辛和牺牲感到肃然起敬,会知道什么是使命;由于武汉壮士断腕的封城之举,看到 900 万武汉人民的坚守,会知道什么是公德;目睹了钟南山和李兰娟院士的学术勇气,心生敬仰,会知道什么是读书的意义;经历了全国人民团结一致,共克时艰,深感自豪,会知道什么是家国情怀……每天浏览新闻时,我时而悲伤、时而感动、时而感激、时而愤怒,各种情绪交杂在一起,五味杂陈。我迫不及待地想把我看到的,感受到的,分享给我的学生们。因为我想我班级的孩子除了知道关于新冠病毒的常识之外,除了知道他们应该怎么防疫之外,我更希望孩子们知敬畏,有悲悯;知责任,有担当;知大义,有良知。

二、基于学情——诚意满满发出倡议

敬畏、使命、担当、社会公德、家国情怀等词语是如此抽象,对于思维力较弱的中小学生来说,理解起来颇有难度。但同时,他们本身对事物感知力却比较强。当我看到市教委统一下发的寒假作业补充版的新闻纪录时,我

突然有了灵感。我可以以感受作为切入点,结合战疫新闻设计活动。这样既降低了他们理解的难度,又能真实地感受当下的时事。

经过再三思考,我在班级群里下发了战疫"心"闻记活动的倡议书。

亲爱的孩子们、家长们:

见字如面,甚是想念!

这个寒假好长好长!它是如此特殊,如此不同。新型冠状病毒施虐全国。现在举国上下,齐心协力,争分夺秒,共克时艰。

生活是一本活的教科书,每一次发生的大事件都是书中的鲜活例子,只是这本教科书面向的不仅是孩子,还有我们成年人。一方面我们了解了一些关于新冠病毒的知识;另一方面我们也看到了社会万象。

在这样一场浩劫中,绝大多数的普通人能做的都极其有限,而孩子们更加如此。但多年后他们终将长大,所以现在他们就需要慢慢学着做有责任、有担当、更有爱的社会公民。

《大学》说,先格物,再致知。格物是感,是对这个世界心生欢喜;致知则需要思考,得有赖文字说明。格物就是感知,能看到别人的动人之处,能看到身边一朵花的可爱之处,能听到身边一种声音的美妙之处。我想要我的孩子们既能在知识中不断分析、不断思考,我更想要我的孩子们打开感觉系统,感受真实生活的生命状态。在真实的感受中理解敬畏、使命、担当、社会公德、家国情怀等抽象的词汇,在真实的感受中,滋养他们的"精气神"。我想这样的孩子长大了,才能在这个无常的世界里深情地活着。

所以,孩子们在学着"知敬畏,有悲悯;知责任,有担当;知大义,有良知"之前,我想我们先一起学着"格物",学着对这场战"疫"中的人和事有感、有知,故发起这次战疫"心"闻记活动。

活动内容为:每天记录一则新闻,家长和孩子一起记录下你(们)的感受,记录下感受背后的想法。在这个过程中,第一周,每天我会给出一个感受的词,你们去寻找相应的新闻。第二周起孩子们和家长一起,自己找新闻,谈感受,写想法。

具体活动方案为：

1. 在晓黑板App内我设置了打卡活动。

2. 每天把记录内容拍下来，用图片的格式打卡（记录内容为疫情发生以来，与疫情相关的文字或者看到的图片）。

3. 家长需要帮孩子一起挑选合适的新闻，审核新闻来源的可靠性，同时需要和孩子一起讨论。因为有些新闻的内容可能需要一些背景知识，同时在和孩子一起讨论的过程中，也是有效建立正确价值观的机会。

4. 参加的同学每天可以浏览其他同学的记录，为自己认同或喜欢的记录点赞。

5. 活动结束后，希望能写一些活动感想。并且每位同学所记录的内容需要装订成小册子，开学会在班级展示。

6. 活动时间为期两周，记录文本格式见图1。

战"疫""心"闻记

2020.2

___月___日

新闻摘录：_____

_____

_____

_____

新闻来源：_____

我的感受：_____

我的想法：_____

_____

_____

家长的想法：_____

_____

_____

图1

活动原则为自愿参加，请私信我报名。期待有心人一路同行。

2020年2月

过了一会,我听到了一声"叮咚",终于等来了第一个参加者:小黄妈妈。小黄妈妈说:"老师这么用心组织的活动,我们一定积极参加!"

接着,我陆续收到了其他家长的报名。

"老师,您的倡议书写得太好了。我们一定参加!"小戴妈妈写到。

小孙妈妈留言说:"我家小孙是情感不够丰富的孩子,这次活动特别适合他。我们报名参加!"

"老师,我特别喜欢您写的那句:在这无常的世界里深情地活着。这不就是我们应该有的生活态度吗?一封倡议书让我看到了您对孩子的热爱和对生活的理解。我们报名参加活动。谢谢您!"小陈爸爸也给我留言。

看着手机屏幕上一行行充满肯定的话语,那种被看见的幸福感温暖了我。

最终,44位同学的班级中有14位报名参加了活动。

三、家长助力——实际内容大于预设内容

活动正式开始啦!第一周,感受词汇由我设定,我给的7个词语分别是:着急、惊讶、伤感、气恼、困惑、感动、自豪。感受词汇的选择,我经过了慎重的考虑,对于每个感受词汇,我心里都预设好学生可能选择的新闻和我需要指引学生思考的方向。因此,我做了一个详细地整理,见表1。

表1

感受	可选取的新闻内容	思考方向
着急	疫情蔓延的迅速,防疫物资的缺乏,等等	疫情的严峻
惊讶	火神山和雷神山的建设速度,等等	国家力量
伤感	不断逝去的生命,等等	敬畏生命
气恼	不愿自动隔离的行为,销售假冒伪劣抗疫用品,等等	社会公德
困惑	对于新冠病毒认知的有限性,等等	读书的意义
感动	医护逆行者的背影,等等	责任和担当
自豪	全国人民万众一心,众志成城地团结在一起	家国情怀

整理完毕后，我把表格发送给家长，希望能帮助家长在选择新闻内容时作参考，同时让家长们更加清楚我选择这7个词汇背后的用意。

正如我所预料，在第一天感受词为"着急"的记录中，小孙记录了1月底的武汉，发热门诊就诊排长队、留观床位紧张的现象让他感到着急。小华记录了武汉市中心医院缺少防护服，居然穿着塑料袋就上阵了。孩子们用文字记录了疫情的严峻和医护的困境。

记录第四天的感受词汇是"气恼"，小孙同学为聚集性疫情感到气恼；小黄因为有人私藏10吨酒精并高价卖出而感到气恼；小王因为需要隔离治疗却逃离医院的人感到气恼。同学们对行为对错的判断准确，对善恶心如明镜，让我看到平时的社会公德教育像雨水似的一点一滴浇灌了他们的心田。

因为明确了我的引导方向，第五天晚上，小严妈妈在活动群里推送了名为"谢谢您，每个平凡的中国人"的视频链接。我一看，真的是太契合"感动"这个词汇了。我想了想，在链接下方附上消息：在这次疫情期间，让我们感动的事情太多了，特别是医护人员的逆行，每一个背影都让我们铭记在心。可是，在这场战疫中，让我们感动的不仅是医护人员，还有很多其他平凡的中华儿女，如火神山建筑工地的工人、CT设备的调装工程师、医院厨房的厨师、快递小哥、医用耗材生产线上的工人、保洁工人、基层工作人员、警察，等等。所以烦请家长在选择新闻时，帮助孩子更多地看到其他让人感动的事情，扩大孩子的感知面。

在我和小严妈妈的合作下，第二天，同学们被感动的原因或对象明显丰富了很多，有志愿者，有在"爱心点"为快递小哥、警察、环卫工人和城管等工作者留下爱心餐和饮料等免费物品的市民，还有日本的捐赠物资上的那句"山川异域，风月同天"，等等。

活动过程中，我发现家长们选取的新闻材料在内容方面要比我预想的丰富很多，这不仅给孩子们提供了更多的感知方向，而且对于一起参加活动的小伙伴来说，他们在浏览其他同学的记录时，也多了更多的感知内容。

四、不同寻常——小事件大视角

在记录的过程中,有些同学在家长的帮助下,从很小的事件中看到了不同的视角。

小李了解到二月下旬时,每天新冠确诊和去世的人还在不断增加。每10个病亡者中,近8个在武汉。疫情统计图上黑色的数字肃穆而沉重,它见证着一个个鲜活生命的离去。小李在他的想法中记录道:看着有这么多人在这场灾难中死去,我觉得很悲伤,很难过。小李的父母都是医生,他们的同事、朋友都奋战在抗疫第一线。他们对武汉当时的情况有更多的了解。家长在想法中留言:当我的朋友、同事看着一个个逝去的生命时,他们深知在这场没有硝烟的战斗中,武汉人民做出了巨大的牺牲。正因为有了武汉人民壮士断腕的封城之举,所以才阻止了疫情的快速蔓延。他们所做出的牺牲,我们都将铭记在心。小李的家长看到了生命的不可重复性,字里行间都透露着对生命的敬畏和对武汉人民的感同身受,相信小李在阅读完家长的记录后对生命会有更深刻的体会。

在第二周自行选择感受词汇的时候,小戴选择了:"开心"。记录了在全民隔离期间网上各种有趣的日常消遣,有在家钓鱼的,有在家旅游的,还有方舱医院医护人员和病人一起跳广场舞、一起做操等新闻。他觉得新闻视频非常有趣。可家长的视角高于孩子,小戴妈妈在想法中写道:为了拯救生命,为了控制疫情,国家号召全民隔离,大家非常自觉地配合,这让我看到了中国人的担当,看到了大家对于政府的信任和对祖国的热爱。同时,我还从这些小视频中,看到了大难面前,中国人自强不息、乐观豁达的民族精神。家长在这样的轻松视频中,看到中华民族的特质,让我特别地惊讶,也无比认同。

因为家长们记录下了他们独特的视角,让一则则小小的新闻都发挥了育人的作用。小李和小戴都毫无悬念地收获了当日最多的点赞。

五、各显身手——解惑、倡议齐上阵

在第一天感受词为"着急"的记录中,小陈记录了湖北随州市公开发布求助信息,各大医院相继出现医用物资紧缺现象。看到医护人员最缺N95口罩,小陈感到很着急。小陈的家长在"想法"一栏中不但分析了N95口罩和普通外科口罩的区别,还写道:我在这里提出小小倡议,就是我们普通民众暂时不要抢购N95口罩了,把N95口罩留给更需要它们的白衣天使吧!希望他们得到更有效的保护。我给小陈留言:老师感受到了你的着急。在如此严峻的突发疫情面前,防疫物资实在是太重要了。谢谢家长非常有心地提出了有效的倡议,我一定积极响应。

第二周,是家长和孩子自己挑选感受词汇的一周。我为他们提供了一些关于描述情绪词汇的链接。小蔡挑选的词汇是"心疼"。她看到新闻里报道因为武汉封城,所以各小区严管住户外出,药品和生活物品都采取集中采购的方式。一位武汉居民说很久没有吃到肉了,基本以米饭、面条为主。小蔡很心疼他们。她写到:同样是在家里隔离,但他们的日子却和我们如此不同,我每天都能享用的鱼肉对于当下的他们来说竟是如此奢侈。为什么不能用飞机、火车、汽车多运送一些呢?小蔡的妈妈是街道基层工作人员,妈妈在记录中回复孩子说:全国各个省市在各级政府的领导下,已经在尽力往武汉配送物资,还有不少民间自发的捐赠组织也在积极提供各种帮助。但是,武汉是个拥有900万人口的大城市,分发物资需要清点、协调、对接、做表、派送,过程费时耗力。所以,确实做不到和平时一样。因此,我们更要珍惜每顿饭菜,不可浪费。妈妈的解释让小蔡看到了各级政府在背后的巨大付出,也让小蔡感受到要珍惜当下。

有了家长的参与,使活动开展得非常顺利。有的填补了孩子们空白的知识背景,有的告诉了孩子们行动的方向,还有的让孩子看到国家的力量,民族的情怀。家长的积极参与,让活动的内容更加丰富,让活动的开展更加有效。

六、活动感想——收获颇丰

14天的活动很快就接近尾声了。在活动中,有的同学每次都为自己的记录配上精美的插图:小戴的室内钓鱼,小蔡的一捆捆青菜,小黄的满屋酒精瓶,每一幅都栩栩如生。小华上学期书写潦草,小李的字总喜欢挤在一起,怎么提醒,以前都无效。但这次活动中,他们书写端正,字迹清晰,像是换了一个人似的。我肯定他们书写的进步,小华妈妈回复说:"老师,因为你的肯定,我想让孩子打印时,可孩子说她能写好,一定要手写。"这可真是出乎意料的惊喜啊!

在最后的活动感想中,不少同学都在感言中说到自己通过这次活动渐渐开始关注新闻了,有的同学觉得通过活动,拉近了和疫情中人和事的距离,有的同学说知道了生命的可贵,感受到了祖国的强盛,还有的家长已经迫不及待地把记录和感言装订成精美的小册子,呈现在群里。

期待满墙战疫"心"闻记的小册子,让所有同学看到我们笔下抗疫征程中的脚印和活动过程中的点滴。

见微知著

中国情感教育理论的奠基人和开拓者朱小蔓教授指出,情感教育的特点,是以情感为切入点,重视情感的作用和力量,运用情感的机制和条件,探寻如何运用情感性的品质支持和促进学生素质的提高。在这次活动中,班主任以儿童已有的情感认知为基础,以疫情中的新闻为载体,运用情感内化的机制,引起儿童的特定情感反应,从而构成敬畏、责任等道德价值体系,使儿童自觉对某些行为或趋或避,对社会的要求主动服膺。

3 为了脚下的这一片净土

——环保类亲子活动

一、活动缘起:垃圾分类,与我何干

中午时分,我走进教室。阳光从窗外洒了进来,洒在每个学生身上,他们有的正埋头看书,有的正嬉笑聊天,午间值日的学生也自觉打扫着,一切看起来井井有条。

"这餐巾纸谁扔的?"一声厉喝打破了班级和谐的氛围,大家都循声望去。原来是今天的值日班长小李,他正气呼呼地指着湿垃圾桶,扫视着班级同学。

我忙走过去看了看,湿垃圾里果然有几团扎眼的白色,是用过的纸巾。这还不止,干垃圾里还躺着几片橘子皮。又扔错了!我皱了皱眉。

垃圾分类是上海市普及推行的,要求把日常生活垃圾分为干垃圾、湿垃圾、可回收垃圾和有毒有害垃圾四类。学校响应号召,也给每个班级配备了干湿垃圾桶,还开展了相应的普及宣传和系列课程。可真正落实到个人,还是常常出现不分情况乱扔的情况。

"我下课已经盯着了,扔错的我都会提醒,但好多人不当一回事……"小李和我解释着,很是无奈。

我拍拍他的肩膀,能够理解他的难处。我转头看了看面面相觑的学生们,看来这一时半会也没人会承认是自己扔的了。我和值日学生当着全班的面一起将垃圾重新分类,再交由相应的学生去扔。但这只是暂时解决了眼前的问题,之后呢?

回到办公室,我拟了份关于"垃圾分类"的匿名问卷,想在班会课上下

发,了解学生们的真实想法。

问卷收上来后,我发现不少学生分类扔垃圾的原因停留在"遵守学校规定"上,但分类意识较弱。还有学生在问卷上写:

> 垃圾分类和我关系不大。
> 我看到别的班也乱扔的,那有什么用呢?
> 一张纸扔错而已,是不是小题大做了?
> 周围环境挺好的啊,分类其实没必要吧。
> ……

看着手里的问卷,我陷入了沉思。问卷折射出班级学生对于垃圾分类的不重视,背后是环保意识的淡泊。怎么才能让他们真正重视起来呢?我想到了班级家委会。

之前,通过班级家委会,班级已经顺利进行过几次校外公益活动,时间都在周末,班级家长和学生自由报名。这次能不能也通过活动让学生感受到保护环境的重要性?

我主动联系了家委会。我在家委会的微信群里把班级问卷情况和我的困扰简单表达了一下,家委会的家长就议论开了。

小徐妈妈:"我觉得还是非常有必要让孩子们知道保护环境的重要性的。地球是我们共同的家园。可是现在的孩子,光说教可听不进啊。"

小沈妈妈:"是啊,我也同意。把规定定得再严格点有用吗?"

小李爸爸:"规定定得严,也不代表孩子们明白背后的意义。确实不容易,老师,你看能怎么办?"

见大家询问我的意思,我忙回复:"我觉得可以让他们亲身实践去做,在体验中成长。可是我是老师,我的资源有限。不知道你们这里是否有相关活动?"

小沈妈妈说:"我这里暂时没有,不过我会留意的。一有消息就在群里共享。"

大家纷纷应和着。

我们都在等待一个契机。

二、活动策划：群策群力，共同准备

暑假里的一天，微信群亮了起来。

小宋妈妈说："9月15日那天在滨江森林公园有个千人海洋净滩活动，我这里争取到15个人的名额，但要尽快确定参加人员。"

我一下想到了垃圾分类的事，忙在群里回："感谢小宋妈妈提供的资源！如果学生们可以亲历打扫海洋垃圾的过程，一定更能体会环保的意义。"

在大家都表示赞同后，群里开始忙活起来。大家先共同了解了活动性质，随后商讨了活动前期各自分工、能够参与的家庭数、活动时的具体事务等。由于是在暑假期间，大家决定通过家长群招募人员，我拟了初稿，其他家长修改后，共同形成了如下招募文字：

@所有人

班级自发组织活动招募

　　活动说明：

　　此次为"无塑海洋净滩"千人志愿者环保公益活动，为进一步保护海洋，倡导大家积极参与净滩服务，同时减轻市容环卫等相关人员的负担，特定于9月15日对滨江森林公园岸边进行清理。也希望借此可以激发社会人士对海洋垃圾污染的关注，让更多的人参加公益活动。这样既提高人们对海洋环境重视，又增强了团队合作意识。本次活动由瓶子联盟牵头，滨江森林公园承办。具体内容大家可以看下面的链接介绍。

　　现宋同学妈妈争取到15个名额，可以单独向班里开放。

　　注意事项：

　　1. 来回都需要自己驱车或乘公交前往。

　　2. 时间是9月15日，地点在滨江森林公园，主要内容是清理长江滩涂。

　　3. 这是亲子活动，家长可一起参与。有意向的家长和孩子沟通好在群里接龙报名。

  4. 人员有限，报完为止。

  接龙报名方式：复制前一人的内容，在下一个序号里写清参与人，如：宋同学+妈妈。

  1. 班主任

  2. 宋同学+妈妈

  ……

确认无误后，由家长代表把信息和活动介绍发到班级家长微信群，很快，15人就招满了。

仅仅这样就够了吗？

作为班主任，我深感自己还肩负育人职责。策划活动时，如何把活动变得更有育人成效，是我要努力实现的事。于是，我在群里分享了自己对于活动前后的一些想法。

"这次活动不能仅仅让学生觉得是去捡垃圾的，还要让他们体会到价值和环保的意义才行。为了能让活动育人效果最大化，我在活动前会在班级里开展关于'海洋污染'的主题班会，在活动后也会让参与的学生进行心得体会分享，大家觉得呢？"我说。

小李爸爸说："特别好。我提议活动当天，就可以让参加的孩子和家长说说，当场交流和反馈，更加真实，对参与的孩子触动一定也很大。"

其他家长也发表了自己的意见，活动方案逐渐成型。

开学后，我在班会课上进行海洋污染的介绍，并与全班同学商讨此次活动的注意事项。当时，就有学生提出由于他在海边住过，所以知道海边特别容易晒伤，大家要涂好防晒霜，最好穿长袖长裤戴帽子。也有学生建议活动当天安排一位学生或家长负责拍照，多带点影像资料回班级分享。这些都被一一采纳。

活动前一周，再次确认参与活动的学生和家长名单。

活动前一天，我组建"海洋净滩小分队"微信群，家长发布小群规则：

1. 不发布无关内容。

2. 友好沟通。

3. 只鼓励，不批评，能参与的都是最棒的。

随后家长自发在群里交流注意事项。

三、活动之时：切身体验，家班共育

9月15日终于到来，我和学生、家长代表早早齐聚在滨江森林公园门口。虽是一大早，却也酷热难当，才站一会，汗水就在额头上冒了出来。家长们根据之前商定好的分工进行工作。有的家长负责组织清点人数，有的家长买来了瓶装水分发，有的家长负责沟通事宜。一切井井有条。

进入滨江森林公园后，我们认领了工具，准备前往我们负责的区域。

小李张开双臂，兴奋地说："啊！蓝天，大海，沙滩，贝壳，我来啦！"

大家被他逗得直笑。

小王和小李是好兄弟，只见他一手搭着小李的肩，一手拿着分到的铲子说："我们这么多人，分到的区域又不大，很快就能干完吧？干完能不能自由活动？"

"今天天热，上午的志愿活动时间是3小时。但3小时，你们肯定干不完。"说话的是今天引导我们前往负责区域的志愿者，说着，他就开始带路了。

"3小时干不完？怎么可能有那么多垃圾？"小王十分不解。

"事实上，每年至少有800万吨垃圾侵入海洋，也至少有100万只海鸟和10万只海洋哺乳动物因塑料污染而丧生。这就是我们今天来的目的，过会你们就会看到了。"志愿者边带路，边介绍着。

穿过树林，海浪声变得清晰起来。走下台阶，转几个弯，视野逐渐开阔，海岸线呈现在我们眼前。

"天哪！"小沈惊呼，其他学生也瞪大眼睛，怔怔地望着前方。

整条海岸线上，都装着一种特殊的石头装置。这个装置就像一双双大手，当大海涨潮时，它被淹没，大海退潮时，它弯曲的部分留下了大量海里的垃圾。我们望着眼前，大量的塑料泡沫、饮料瓶、鞋子、打火机，触目惊心地沿着长江入海口的海岸线绵延。这连成一线的白色，在阳光下，分外扎眼。

1加1大于2——家班共育有创意

图1

"虽然有心理准备,但还是没想到竟然有那么多!"小王妈妈感叹道。

到了负责的区域,大家二话不说就干起活来。

我们每人都有一副粗手套,小组有1把大扫帚,2个蛇皮袋,装满了可以去旁边服务站领新的袋子。大家把能捡起来的大垃圾从海岸线的地方捡到一块儿。很快,我们就发现最头疼的是泡沫塑料。沿海的地势并不平坦,还有大量堆积的各色垃圾,大块的泡沫塑料在捡的过程中不论怎么小心,都非常容易分解成小碎块,甚至变成大量颗粒迎风散落在各处。这难以捕捉的塑料泡沫,让我们清理时变得更加艰难。

渐渐地,垃圾堆得有点多了,家长们正发愁没有簸箕怎么装进蛇皮袋时,小王和小李就蹲下来,带上粗手套,直接用手抓着装了进去。

"别,这垃圾脏,一会想办法借个铲子去吧。"小王妈妈看着孩子,有些心疼。

"没事儿,用手装也很快。"小王压根不在意,三下五除二就和小陈把垃圾装了大半。

小陈妈妈也要蹲着和他们一起装,小陈忙阻止说:"妈,这个蹲着装很累,你腰不好,还是我来。"

小陈妈妈转头对我欣慰地说:"孩子长大了,知道心疼我了。"

说话之际,机灵的小宋还真从别组借来把大铁铲,家长拿着袋子,小宋用铁铲盛垃圾准备装袋。

"你的腰要下去一点,铲子要这个样子,对,这个角度进去,对。"小杨妈妈见小宋铲子不太会用,手把手开始现场教学。

一个蛇皮袋装满了,小沈正想把装满的蛇皮袋先拖到回收站点,可她是个女孩子,袋子对她来说有点重了。她爸爸看到忙上去一把抓起来,轻松拖到回收站。

小沈爸爸回来时,小沈激动地说:"哇!爸爸你力气那么大的吗?那个那么重!"

只见小沈爸爸骄傲地说:"爸爸厉害的多着呢!不然怎么做你爸爸?"

他们相视笑着的画面,被负责拍照摄影的小谭爸爸捕捉了下来。

太阳毒辣辣地挂在天上,大家都忙得汗流浃背。3小时,我们小组装了足足8个半人高的蛇皮袋,才终于把能捡拾起来的垃圾处理完。

"这无处不在的塑料泡沫颗粒怎么办?太小了,这里地又凹凸不平,没法扫出来。"小杨懊恼地说。

"那些卡在石头里的垃圾我也弄不出来。"小张也有些沮丧。

"大家尽力了。时间到了,我们去休息吧。"我安慰着大家,带大家前往休息地点。

我建议大家围坐在一起,进行即时交流。我提议学生先谈谈今天观察到的同学和自己父母身上的闪光点,家长谈谈今天观察到的自己孩子的特别好的地方。

小陈说:"杨同学特别棒,他全程没有休息!"

小张说:"我平时以为我妈挺娇弱的,今天发现原来也是个女强人。哈哈。"

小沈说:"爸爸,你总是那么帮我,谢谢你。"

小杨妈妈也加入其中,笑着说:"看来我不用操心他以后的家务活了,哈哈。"

小沈爸爸说:"我觉得孩子懂事了,很好。"

那时的氛围特别好,大家特别真诚地望着彼此,笑容洋溢在每个人的脸上。不论是表扬自己的家人,还是同学之间,家长与家长之间,被表扬的那个人听到时都很惊喜,或害羞地笑笑,或开心得手舞足蹈。性格不同,表达方式也不尽相同。但那个中午,是格外动人的。

随后,我让大家谈谈感受和体会。

小沈说:"没办法把垃圾都捡光,我很遗憾,下次还想来。"

小王说:"今天才知道原来垃圾那么多,以后要好好保护好环境,不然遭殃的可是我们自己。"

小杨说:"我的收获是我们黑白配的手!"说着伸出了他的手臂。他那天穿着短袖,裸露的肌肤被烈日烤了3小时,与原本白皙的皮肤形成鲜明对比。

"我也黑了。"小陈说着伸出手,他虽穿着长袖,但手还是晒着,那只手与手腕处的分界线格外明显。

"大家都晒黑了,"我开口道,"那下次如果还有海洋净滩,大家还来吗?"

"来!"学生们几乎异口同声。

四、活动之后:交流心得,互促成长

隔周,我安排参与的学生在班会课上对全班同学进行活动心得分享。家长的感受则以音频的方式进行播放。他们谈到了当天的活动过程,谈到了对父母和同学的新的看法。

小张动情地说:"同学们,如果你们也切身站在那海岸边,看了那望不到头的白色垃圾,你们也会发出和我们一样的声音:让它停止吧!那天,我们那么多人3个小时都没办法完全清理干净我们所负责的区域。本来我特别遗憾,但后来我妈妈告诉我,也许我们做不到靠自己的力量去根治,但我们愿意付出汗水和努力去改变自己脚下的这一片净土,那就够了。我突然就释怀了。这句话也送给在座的同学们,为我们脚下的这一片土地而努力!"

当时她赢得了台下一片掌声。

我顺势提问:"我们更多的时候是在家里和学校,对于环保,我们还能做些什么吗?"

学生们积极地提出了自己的想法,其中就包括重视垃圾分类,班委还提议设计几个垃圾分类互动游戏,寓教于乐。

我感谢家长在活动中的鼎力支持和帮助,让活动较为圆满地完成了。我也相信环保的种子已经悄然种进了孩子们的心里,在未来的某刻,定能破土成长,守护好他们脚下的这一片净土。

见微知著

北京师范大学檀传宝教授曾说:"德育所能做的事情其实很有限,它只能是提供一种有利于道德生长的价值引导环境而已。"

班级能够提供的环境有限,但班主任和家长可以进行合作。班主任重点是建设班级以求育人,但缺少社会真实环境。家长重点是培育自己的孩子,但家庭活动缺少育人设计,也缺少社会性,一个孩子很难有社交行为。当班级和家庭实现共育后,才能互相取长补短。基于合作者的定位,共育行为理应共同协商,共同出力。家长可以提供资源,班主任需要对资源进行优化设计,提升活动本身的育人性,尽力为家长与学生、家长与家长之间建立联系和纽带,调动活动资源。同时还可征询学生意见,三方共同策划活动方案,并参与推动和实行,才能真正推动学生的成长。

后　记

　　回望我们的日常工作,常常清晨入校园,忙碌一整天。又是什么支撑我们在琐碎的时间里坚持完成了这本书?主要原因,应该是前辈们的教育情怀,不断在感染我们的缘故。

　　很幸运,我们能够进入上海市徐汇区班主任高研班,跟着徐汇区教育学院德育研究员张鲁川教授和江振岚老师走入德育之门。在高研班的这两年,我们不断学习,不断反思,思考如何更好地引领学生的成长。我们也深深敬佩张鲁川教授作为德育人的坚守和执着,这份情怀每时每刻都影响着我们,让我们对班主任工作抱有敬畏之心。

　　也是在两位导师的推荐下,我们来到了南京师范大学的随园,见到了和蔼、知性的齐学红教授,与更多志同道合的班主任们共同参与了丛书的编写工作。

　　第一次会议时,我们确实感受到了肩上的责任。作为幸运者,也理应将我们做班主任工作的经验与智慧传播给更多的同行,以我所学,尽我全力。达成共识后,在齐教授的指导下,我们明确了编写理念,进行了分组,确定了主题。学生的成长与进步需要各方协作,形成家校合力是非常有意义的。所以,我们三位老师当即结合自己的教育经验,选择了"家班共育"这一主题。

　　2020年,新冠来袭,大家都在家线上教学。我们三人利用这段时间,相互督促,相互鼓劲,一鼓作气,完成了初稿。在撰稿过程中,有困惑时,我们

后 记

请教老师,也相互帮忙出主意。在每一部分的方向把握上,我们一篇篇细细讨论,相互浏览和修改。

复旦大学出版社朱建宝和张彦珺两位编辑对书稿提出了修改意见,让我们获益匪浅。

写作的过程是漫长的,但也是这个过程,让我们不断反思自己在家班共育过程中的所作所为,让我们对家班共育有了更深的理解。

希望这本书能够成为一线班主任闲暇时光的手边书,希望书中的案例能给大家带来启发,也欢迎大家批评指正。

作者

2023 年 2 月

图书在版编目(CIP)数据

1 加 1 大于 2：家班共育有创意/戴婷玉,张艳,吕琪著.—上海：复旦大学出版社,2023.5
(随园班主任小丛书／齐学红总主编)
ISBN 978-7-309-16664-4

Ⅰ.①1… Ⅱ.①戴… ②张… ③吕… Ⅲ.①中小学-学校教育-合作-家庭教育-研究 Ⅳ.①G636

中国版本图书馆 CIP 数据核字(2022)第 243075 号

1 加 1 大于 2：家班共育有创意
戴婷玉　张　艳　吕　琪　著
责任编辑/朱建宝

复旦大学出版社有限公司出版发行
上海市国权路 579 号　邮编：200433
网址：fupnet@fudanpress.com　　http://www.fudanpress.com
门市零售：86-21-65102580　　团体订购：86-21-65104505
出版部电话：86-21-65642845
浙江临安曙光印务有限公司

开本 787×1092　1/16　印张 8.75　字数 130 千
2023 年 5 月第 1 版
2023 年 5 月第 1 版第 1 次印刷

ISBN 978-7-309-16664-4/G·2454
定价：35.00 元

如有印装质量问题，请向复旦大学出版社有限公司出版部调换。
版权所有　　侵权必究